Ymarfer Ysgrifennu Cymraeg

Gwyn Thomas

Trwy ymgynghoriad
â Manon Wyn Siôn

Cyhoeddwyd dan nawdd
Cynllun Adnoddau Addysgu a Dysgu CBAC

Noddwyd gan Lywodraeth Cymru

Argraffiad cyntaf: 2012

Cydnabyddiaethau
Diolch i'r canlynol am ganiatâd
i gynnwys dyfyniadau yn y gyfrol hon:
Cyhoeddiadau Barddas – *R.S.* Twm Morys
Gerallt Lloyd Owen a Gwasg Gwynedd – *Fy Ngwlad*
Gwasg Gee – *Beddargraff Morwr* R. Williams Parry;
Naddion Islwyn Ffowc Elis
Gwasg Gomer – *Hen Ŵr y Môr* Ceri Wyn

Dyluniad y clawr a'r gyfrol: Olwen Fowler

Rhif Llyfr Rhyngwladol: 978-1-84771-570-8

Cyhoeddwyd, rhwymwyd
ac argraffwyd yng Nghymru gan
Y Lolfa Cyf., Talybont, Ceredigion SY24 5HE
gwefan   www.ylolfa.com
e-bost   ylolfa@ylolfa.com
ffôn   01970 832 304
ffacs   832 782

Cynnwys

tudalen		
4		Rhagair
5	1.	Rhagarweiniol
7	2.	Gramadeg
8	3.	Yr iaith lafar a Chymraeg ysgrifenedig
12	4.	Beth ydi gramadeg?
16	5.	Y llythrennau
20	6.	Sillafau
21	7.	Acenion
25	8.	Y fannod
27	9.	Enwau
36	10.	Ansoddeiriau
44	11.	Rhagenwau
57	12.	Rhagenwau perthynol
63	13.	Ansoddeiriau dangosol
66	14.	Rhagenwau dangosol
69	15.	Berfenwau
72	16.	Berfau
76	17.	Amserau'r ferf
87	18.	Moddau'r ferf
91	19.	Amserau'r modd dibynnol
94	20.	Stad weithredol, a stad oddefol y ferf
97	21.	Berfau ac arddodiaid
99	22.	Rhai berfau afreolaidd pwysig
111	23.	Adferfau
113	24.	Arddodiaid
122	25.	Cysyllteiriau
126	26.	Y treigladau
131	27.	Y treiglad meddal
138	28.	Y treiglad trwynol
139	29.	Y treiglad llaes
142	30.	Goddrych a gwrthrych
144	31.	Brawddegau
149	32.	Cymalau
158	33.	Cystrawen
160	34.	Priod-ddulliau (idiomau)
164	35.	Atalnodi
173	36.	Orgraff
187	37.	Gwahanu ystyron – detholiad
191	38.	Ymarferion
217		Llyfrau ar wahanol bynciau
221		Mynegai

Rhagair

Flynyddoedd yn ôl, pan oeddwn i'n Brif Arholwr Cymraeg: Iaith Gyntaf Safon Uwch, gofynnodd CBAC imi lunio llyfr, yn seiliedig ar fy mhrofiad fel arholwr, i hyrwyddo ysgrifennu Cymraeg. Y llyfr a gyfansoddwyd oedd *Ymarfer Ysgrifennu*, a gyhoeddwyd yn 1977. Bu imi elwa ar gyngor a chyfarwyddyd y Dr Enid Roberts wrth lunio'r llyfr hwnnw, ond gan fod y llyfr yn seiliedig ar weld beth oedd yn digwydd yng ngwaith disgyblion Chweched Dosbarth y cyfnod, roedd yn rhaid dewis y defnydd a'i gyflwyno mewn dull a geisiai wneud pethau'n eglur iddyn nhw, gan ganolbwyntio ar nifer o nodweddion a welwn yn eu gwaith ysgrifenedig.

Dydi *Ymarfer Ysgrifennu* ddim wedi bod ar gael ers tro byd. Ond yr oedd nifer o athrawon, gan gynnwys rhai oedd yn hyfforddi cyfieithwyr, yn gofyn imi'n aml pam nad oedd y llyfr ar gael. Y mae'r llyfr hwn yn fersiwn newydd o'r gwaith hwnnw – fel y gwêl y sawl sy'n gwybod amdano; ond y mae wedi ei addasu ar sail profiad Prif Arholwr presennol Cymraeg: Iaith Gyntaf Uwch Gyfrannol a Safon Uwch CBAC, sef Manon Wyn Siôn. Hi sy'n gwybod orau am y math o bethau sy'n digwydd yn ysgrifennu disgyblion rŵan. Yr wyf yn dra diolchgar iddi hi am ei chymorth a'i harweiniad doeth, i Heini Gruffudd am awgrymiadau gwerthfawr, i William Howells am lunio Mynegai, ac i Olwen Fowler am y gwaith dylunio a chysodi. Fe oruchwyliwyd y gwaith yn rhagorol o fanwl gan Mari Watkin, ac yr wyf yn diolch yn fawr iddi hithau hefyd.

Gwyn Thomas

Rhagarweiniol

"O'n i'n gyted a defasteted pan glywis
i'r niws am fod Waco Jaco 'di marw."

"Ches i'm amser i roid fy sgidia i on."

"O'n i'n rîli taiyrd erbyn diwedd y gêm."

"O'dd gneud startyrs ar gyfer y thîm neit
yn jênj o fod yn sdyc ar yr un resipi, so
'nes i enjoio hynny."

Dydi clywed pethau fel hyn ddim yn ddieithr bellach, y maen'
nhw o'n cwmpas ni ymhob man – eu clywed a wnes i, nid eu
creu. Os ydi hyn yn dderbyniol gennych chi, iawn: does gan neb
hawl i ddweud wrth neb arall sut i siarad yn ei fywyd bob dydd –
y mae Cymraeg cyhoeddus yn fater arall. Os ydi Cymraeg rhywsut-
rywsut, lle y gwnaiff rhywbeth-rywbeth y tro'n dderbyniol gennych
chi, yna nid llyfr i chi ydi hwn. Llyfr ar gyfer y rheini sy'n teimlo fod
y Gymraeg yn werth gwneud rhyfaint o ymdrech i'w hysgrifennu
hi'n safonol ydi o, a llyfr sydd yn cymryd yn ganiataol fod yn rhaid
wrth safon mewn addysg Gymraeg ac mewn traethu cyhoeddus.

Y mae iaith fyw yn newid, ac yr ydym yn sicr o glywed pobl hŷn
yn dweud wrth bobl ifainc fod eu Cymraeg nhw'n llwgr ac yn
ddi-raen. Y gwahaniaeth mawr rhwng ein cyfnod ni a chyfnodau
cynharach ydi fod yna lawer o gymdeithasau yn y gorffennol lle'r
oedd y Gymraeg yn iaith naturiol, bob-dydd, a lle'r oedd yna
wahanol sefydliadau a gweithgareddau oedd yn gymorth i'r iaith.

Fe allai'r Gymraeg newid yn naturiol, yn organig, i raddau helaeth mewn cymdeithasau felly – enghraifft o newid o'r fath ydi'r duedd i ddweud 'er fod' yn hytrach nag 'er bod'. Datblygiad naturiol o fewn y Gymraeg ydi hyn, ac nid unrhyw ymyrraeth o'r tu allan. Y mae ardaloedd a chymdeithasau Cymraeg fel yna'n brin iawn bellach.

Pa gymorth, pa gynhaliaeth sydd yna, heddiw, i rai sy'n cael eu magu i siarad Cymraeg, neu i'w dysgu? Os ydi'r aelwyd yn aelwyd Gymraeg, dyna ydi'r gynhaliaeth gryfaf un. Y mae bod mewn ysgol Gymraeg, neu un ddwyieithog o gymorth mawr. Os ydi rhywun yn darllen llyfrau Cymraeg, fe fydd hynny'n help mawr hefyd.

Fel tswnami enfawr yn bygwth y Gymraeg y mae dylanwad parhaol yr Americaneg a'r Saesneg, sydd yn paratoi pob math o bethau diddan a diddorol mewn pob math o feysydd ar gyfer pob chwaeth. Does ryfedd, felly, ein bod ni'n ein cael ein hunain yn dweud geiriau ac ymadroddion Americanaidd a Saesneg. Y mae'n Cymraeg llafar ni'n cael ei ddylanwadu'n drwm gan y pethau hyn, yn bennaf am fod ffurfiau estron yn dod i'n hiaith cyn inni allu meddwl yn y Gymraeg. Dyma'r newid sy'n dod o'r tu allan i'r iaith.

Y mae ysgrifennu'n rhoi mwy o amser inni feddwl na siarad. Yn y man, fe all ein hysgrifennu ni, fel ein darllen ni, wneud byd o les i'n Cymraeg llafar ni.

Gramadeg

Y mae gramadeg wedi bod yn ddiflastod i genedlaethau. Does dim rhaid i rywun wrth wybodaeth o ramadeg i allu ei fynegi ei hun yn gywir a thaclus. Os oes gan rywun wybodaeth drylwyr o iaith, yna mi fydd yn gwybod - heb orfod rhesymu ynglŷn â hynny - a ydi rhywbeth yn addas ai peidio. Os ydi rhywun sy'n medru'r Gymraeg yn drylwyr wedi dysgu confensiwn ysgrifennu'r iaith, yna mi ddylai fedru ei hysgrifennu'n raenus wrth ddibynnu ar ei Gymraeg llafar a'i ddarllen. Yn anffodus, nid fel yna y mae hi ar y mwyafrif bellach.

Pwrpas y llyfr hwn yw ceisio helpu rhywun i ddod yn gyfarwydd â chonfensiynau ysgrifennu Cymraeg trwy **ddeall nodweddion** y Gymraeg, a sylweddoli bod modd gwneud hyn **yn rhesymegol.** Y gobaith ydi fod y **dadansoddi** a geir yma'n mynd i fod o help i rywun **gyfansoddi.**

Y mae yma ddefnyddio nifer o **dermau gramadegol**, ond nid llyfr gramadeg ydi hwn. Yn un peth, fe fydd yma gymeradwyo rhai arferion a fydd o gymorth i ysgrifennu Cymraeg ffurfiol. Dylai'r termau gramadegol a geir yma fod o help i'r rheini sydd am ysgrifennu **beirniadaeth lenyddol**, neu **werthfawrogi llenyddiaeth** hefyd.

Yr iaith lafar a
Chymraeg ysgrifenedig

Cymraeg ysgrifenedig 'ffurfiol' a olygir yma. Golyga'r 'ffurfiol' hwn iaith traethodau, yn hytrach nag iaith drama, neu sgwrs mewn nofel. Mater o **gonfensiwn** ydi'r hyn sy'n dderbyniol mewn Cymraeg ysgrifenedig.

Beth sy'n gonfensiwn derbyniol yn y byd sydd ohoni? Y mae'r hen gonfensiwn o ysgrifennu'n **gwbl dderbyniol**: yn wir, y mae gofyn inni fedru darllen yr hen gonfensiwn ffurfiol i allu deall rhan fawr iawn o'n llenyddiaeth. Dyma inni enghraifft o'r hen gonfensiwn:

> *Nid ydwyf fi ddim yn gwybod.*
> *Nid ydwyf i ddim yn gwybod.*

Y mae hyn yn gwbl dderbyniol. Yr hyn sy'n digwydd ar lafar, ac yn ysgrifenedig hefyd yn aml, ydi cywasgu geiriau. Y mae peth cywasgu'n dderbyniol, felly fe allwn ni ysgrifennu:

> *Nid ydwyf yn gwybod.*
> *Nid wyf yn gwybod.*
> *'Dwyf fi ddim yn gwybod* → *Dwyf fi ddim yn gwybod.*

neu

> *'Dydw i ddim yn gwybod* → *Dydw i ddim yn gwybod.*
> → (*Dw i ddim yn gwybod* ar lafar.)

Y mae hyn yn dderbyniol.

OND dydi'r cywasgu **eithafol** sy'n digwydd ar lafar **ddim yn dderbyniol** mewn ysgrifennu ffurfiol. Enghraifft:

Nid wyf fi ddim yn gwybod ➔ *mbo* neu ➔ *bo.*

Y math o ystwytho sydd yn dderbyniol mewn Cymraeg ysgrifenedig

1 Colli'r *t* yn yr *-nt* yn nherfyniadau rhai ffurfiau berfol ac arddodiaid:

enghreifftiau:

meddant hwy	➔ meddan' nhw	➔ meddan nhw
iddynt hwy	➔ iddyn' nhw	➔ iddyn nhw

2 Colli'r *-f* a geir ar ddiwedd geiriau:

enghreifftiau:

arnaf i	➔ arna' i	➔ arna i
mi welaf i	➔ mi wela' i	➔ mi wela i

> **!** Dylid osgoi'r duedd i ddodi *i*, y **person cyntaf unigol**, ynghlwm wrth y ferf; felly:
>
> ✔ *mi wela' i/mi wela i* a ysgrifennir, ac **nid** *mi welai* ✘
>
> ✔ *bydda' i/bydda i* **nid** *byddai* ✘

3 Colli rhan o'r negydd (*nid, nad*):

enghreifftiau:

nid oes	➔ 'does	➔ does
nid yw	➔ 'dyw	➔ dyw
nid ydyw	➔ 'dydy	➔ dydy
neu	➔ 'dydi	➔ dydi

4 Colli'r *a* ar ddechrau cwestiwn:

enghraifft:
    A welsoch chi? ➡ 'Welsoch chi? ➡ Welsoch chi?

5   Colli'r rhagenw *fy*, ond cadw'r treiglad sy'n ei ddilyn:

enghraifft:
    Gwelais i fy nhad yn y dref. ➡ Gwelais i 'nhad yn y dref.

Mae'r patrwm hwn hefyd yn gyffredin bellach:

    o fy mhen i fy nhraed ➡ o 'mhen i 'nhraed

Y mae'n fwy naturiol na: *o'm pen i'm traed* - er bod hwnnw'n
gywir hefyd.

6 Y mae rhai ffurfiau nad ydyn nhw i'w cael yn aml mewn Cymraeg
llafar, ond y maen' nhw'n digwydd, o dro i dro, mewn Cymraeg
ysgrifenedig – y maen' nhw'n hwylus iawn i feirdd weithiau:

enghraifft:
    dos i'th wely
    dos i dy wely ydi'r ffurf fwyaf ystwyth.

7 Y mae'r Gymraeg bellach yn defnyddio rhai berfau sy'n gyffredin
ar lafar, lle byddai'n arferol ysgrifennu berfau mwy ffurfiol:

enghraifft:
    pan mae – arferid dweud mai pan yw neu pan fo,
    neu pan fydd oedd yn gywir.
    Y mae pan mae yn berffaith naturiol a derbyniol.

8 Treiglo'r berfenw *bod:*

enghreifftiau:

gwelaf + bod   ➡ gwelaf fod

gweld + bod   ➡ gweld bod **neu** gweld fod

gwelir + bod   ➡ gwelir bod **neu** gwelir fod

Y mae *bod* yn wahanol i ferfenwau eraill oherwydd fe all dreiglo ar ôl berfenw (*gweld*), a ffurf amhersonol ar y ferf (*gwelir*).

Gyda berfau eraill, dydi'r berfenw **ddim** yn treiglo ar ôl berfenw (*gallu gweld* a ddywedir, ac nid ~~gallu weld~~), nac ar ôl ffurf amhersonol y ferf (*gellir dweud* a ddywedir, ac nid ~~gellir ddweud~~).

Y mae *er fod* yn dal i gael ei gywiro gan rai; ond y mae ysgrifenwyr fel Theophilus Evans yn defnyddio *er fod* am yn ail ag *er bod* yn y ddeunawfed ganrif. Dylid derbyn y naill ffurf a'r llall.

Y mae un peth yn gyffredin i'r holl enghreifftiau a nodwyd: y maen' nhw i gyd yn ddatblygiadau **o fewn Cymraeg pobl sy'n siarad yr iaith yn naturiol bob dydd**.

Gellir cymeradwyo defnyddio'r collnod (') fel y dull mwyaf effeithiol i ystwytho Cymraeg ysgrifenedig, ond y mae gwneud hynny – o'i wneud yn ddeddfol - yn gallu creu lluwchfeydd o gollnodau, a gwneud i dudalennau edrych yn flêr. Ond gellid dadlau, efallai, fod eu cynnwys o gymorth i rai.

Beth ydi gramadeg?

Darganfod sut y mae iaith yn gweithio, dyna ydi gramadeg.

Y mae'n bosib cael syniad o lunio rheolau gramadegol o restrau mor fyr o eiriau â'r rhain:

A	B
cae	caeau
bardd	beirdd
cath	cathod
ffon	ffyn

Cwestiwn

A ydi rhai o'r geiriau hyn yn perthyn i'w gilydd mewn rhyw fodd?

❶ Colofn **A**

Gwelwn fod: *cae* yn wrywaidd (➡ y *cae* **hwn**);
    bardd yn wrywaidd (➡ y *bardd* **hwn**).

Gwelwn fod: *cath* yn fenywaidd (➡ y *gath* **hon**);
    ffon yn fenywaidd (➡ y *ffon* **hon**).

Gallwn ddweud fod **geiriau gwrywaidd** a **geiriau benywaidd** yn y Gymraeg.

Y mae **cenedl enwau** yn y Gymraeg.

2 Colofn **A:** Gwelwn fod y geiriau i gyd yn **unigol**.

Colofn **B:** Gwelwn fod y geiriau i gyd yn **lluosog**.

Gallwn ddweud fod **geiriau unigol** a **geiriau lluosog** yn y Gymraeg.

3 Gwelwn fod *cae* a *cath* yn magu cynffon, neu'n **ychwanegu terfyniad**, wrth fynd yn lluosog:

cae-au   cath-od

4 Gwelwn fod *bardd* a *ffon* yn newid wrth fynd yn lluosog:

bardd	beirdd
ffon	ffyn

Gallwn ddweud fod o leiaf ddwy ffordd o droi'r unigol yn lluosog yn y Gymraeg, a nodi hyn ar ffurf dwy reol:

Y mae geiriau unigol Cymraeg yn ffurfio lluosog:
(a) **trwy ychwanegu terfyniadau**;
(b) **trwy newid llafariaid ynddynt**.

Rydym ni wedi darganfod arferion, neu reolau, sy'n digwydd yn yr iaith Gymraeg yn rhesymegol. Darganfod rheolau iaith, dyna ydi gramadeg.

Ond sylwch ar un peth ynghylch y ddwy reol hyn, sef na fydden nhw o unrhyw fudd i rywun sy'n ysgrifennu oni bai ei fod o **eisoes yn gwybod** beth ydi unigol a lluosog geiriau Cymraeg.

Cwestiwn pellach:

Y mae *ar* yn air Cymraeg: beth ydi lluosog *ar*?

I fedru ateb, byddai'n rhaid ichi sylweddoli fod yna wahaniaeth rhwng gair fel *cath* a gair fel *ar*. A dyna chi'n mynd yn eich blaen i roi disgrifiad **manylach** o'r iaith Gymraeg. I lunio gramadeg, y mae'n rhaid meddwl am iaith **fel cyfanwaith**, ac nid fel dyrneidiau o eiriau. **Arddodiad** ydi *ar*, nid enw (gweler tud. 113).

Un peth y mae gofyn ei ddeall ydi y gall yr un geiriau fod â mwy nag un ystyr a mwy nag un diffiniad gramadegol iddyn nhw yn eu cyd-destun. (Fe esbonir y termau gramadegol a ddefnyddir yma yn nes ymlaen.)

enghreifftiau:

(a) a

Gellir diffinio swyddogaeth *a* mewn sawl ffordd, yn ôl y cyd-destun.

> Dyn a dynes. (**Cysylltair**)
>
> A wyt ti'n mynd? (**Geiryn gofynnol**)
>
> Dyma'r dyn a welais. (**Rhagenw perthynol**)

(b) Gwelais gi.

> Y mae *ci* yn **enw unigol, gwrywaidd**.

Yn y frawddeg hon y mae *ci*, hefyd, yn **wrthrych** y ferf *gwelais*.

Diffiniadau *cryno* o rai termau gramadegol

(Ceir trafodaethau llawnach dan y penawdau priodol.)

berfenw: term sy'n dynodi gweithgarwch:
      chwarae, darllen

berf: term sy'n dynodi, fel rheol,
      weithgarwch + person + amser:
      chwaraeaf
         (Person *Fi;* Amser: *Yn awr, presennol*)
      darllenaist
         (Person *Ti;* Amser: *Wedi bod, gorffennol*)

enw: term sy'n dynodi **peth**: *ysgol, sosban, mynydd*
      neu **berson**: *gŵr, gwraig, plentyn*

      Y mae gan bawb ei enw ei hun, **enw priod**:
      Sandra, Gareth

ansoddair: term sy'n disgrifio enw:
      mawr, du, uchel
      ysgol *fawr;* sosban *ddu;* mynydd *uchel*

adferf: term sy'n mynd gyda **berf** ac yn dweud **sut y**
      gwneir rhywbeth. Fel arfer, **yn + ansoddair** ydyw:
      Edrychodd *yn ofalus* ar y llyfr.
      Sefais *yn llonydd.*

arddodiad: y term am air sy'n dangos y math o berthynas sydd
      rhwng geiriau:
      Y mae'r eryr *yn* yr awyr.
      Rhoddodd hi ei bag *ar* y bwrdd.

cysylltair: y term am air sy'n cysylltu geiriau â'i gilydd:
      Ti *a* fi.
      Hi *ond* nid ef.

Y llythrennau

Llafariaid

> *a, e, i, o, u, w, y*

Yr neu **'r** ydi ffurf y fannod (Gweler Adran 8) a roir o flaen llafariad.

enghreifftiau:

yr afal; yr eryr; yr iarlles; gyda'r wawr

Cytseiniaid

> *b, c, ch, d, dd, f, ff, g, ng, h, l, ll, m, n, p, ph, r, rh, s, t, th*
>
> (Gall *w* ac *i* fod yn gytseiniaid hefyd.)

(Yngenir **ng**, bron bob amser, fel yn y gair *angel*. Ar achlysuron anaml yngenir yr **n** a'r **g** ar wahân: *Bangor, gwyngalchu, Hengwrt*.)

Bellach y mae **j, k, x**, a **z** yn gytseiniaid sydd i'w cael yn y Gymraeg, yn enwedig mewn benthyciadau.

Seinir **si-** o flaen llafariad fel y Saesneg **sh** (fel yn y gair *shop*), *Siân, siarad, siôl*. Ond dydi hyn ddim yn digwydd pan geir **si-** o flaen cytsain: dyna ichi'r gair *siriol, sibrwd, siglen*, er enghraifft.

Y mae **tsi** neu **tji** neu **tj** wedi cael eu defnyddio i gyfleu sain yr **ch** a geir yn y gair Saesneg *chain*, am y rheswm syml fod **ch** yn y Gymraeg yn sain gwbl wahanol i'r **ch** Saesneg – ystyriwch y Saesneg *teacher* a *titchar* yn y Gymraeg. (Gyda llaw, y mae'r sain hon yn treiglo ar lafar: **tji**aen - *fy* **nhjiaen**, *dy* **jiaen**, *ei* **jiaen** (gwrywaidd).)

Y ffurf ar y fannod a roir o flaen cytsain ydi *y* neu *'r*:

y bluen; y ci; y chwip; y dorth; y ddoli; dacw'r tŷ; y mae'r castell

 Gall *i* ac *w* fod yn gytseiniaid (neu'n lled-lafariaid, fel y dywedir) yn ogystal â llafariaid. Dynodir *i* ac *w* **gytsain** isod fel hyn: +*i*, +*w*.

enghreifftiau:

llafariad	cytsain
briw	+iâr
lliw	dyn+ion
Gŵy	g+wyn
gŵydd	ch+wyrn

Y mae'n anodd dweud y gwahaniaeth rhwng y llafariaid a'r cytseiniaid hyn – fel rheol, fe geisir gwneud hynny trwy ddiagram sy'n dangos lleoliad y tafod yn y geg. Does dim rhaid pendroni am y gwahaniaeth rhwng *i* ac +*i*, ond fe allwch ddweud, yn aml, ai *w* gytsain (+*w*) sydd ar ddechrau gair, gan mai *y* (neu *'r*) ydi ffurf y fannod sy'n dod o'i blaen.

enghreifftiau:

y wlad; y wenci; y wraig; y wal; mae'r wlad

Os mai llafariad ydi'r *w* ar ddechrau gair (yn aml, gydag *y* yn ei ddilyn = *wy*, cyfuniad a elwir yn **ddeusain**) yna *yr* neu *'r* ydi ffurf y fannod sy'n dod o'i blaen.

enghreifftiau:

yr wy; yr ŵyr; yr wyneb; yr Wyddfa; y mae'r wy

> Efallai eich bod wedi clywed pobl yn dweud *Y Wyddfa,*
> neu *Y Wyddgrug.* Y rheswm am hyn ydi eu bod nhw'n
> ynganu'r *W* fel cytsain.

I'r rhai sy'n astudio gwaith Beirdd yr Uchelwyr

+w gytsain

Mewn gwirionedd, y mae *+w* gytsain yn **fater o ynganiad**,
i ryw raddau.

Ystyriwch y gair *marw.*

I'r rhan fwyaf ohonom ni, y mae hwn yn air deusill: *mar-w.*
Y mae'r *w* yn llafariad, ac yn sillaf ynddi ei hun.

Ond gair **unsill** oedd hwn i Feirdd yr Uchelwyr. Y mae'n rhaid, felly,
mai rhywbeth tebyg i *mar* oedd eu hynganiad o'r gair, gan ystyried
yr *w* fel cytsain. Ceir olion o hyn o hyd yn ynganiad cywir y gair
marwnad (gair y mae ynddo ddwy elfen: *marw + nad*).

Yr ynganiad cywir ydi *mar-nad* ac nid *mar-w-nad.* Deusill ydi o,
nid trisill: ni seinir yr *+w* o gwbl.

Y mae'r un peth yn wir am y gair *meddwdod.* Ynganiad cywir
meddw-dod ydi *medd-dod.*

Cyfeirir at hyn er mwyn ichi sylweddoli mai geiriau **unsill**, yn cynnwys **+w** (**w** gytsain) ydi geiriau fel:

mar+w, gloy+w, hoy+w, medd+w

yng ngwaith Beirdd yr Uchelwyr.

enghreifftiau:

	Gweled mor hardd mi chwarddaf
	Gwallt ar ben hoy**w** fedwen haf.
Ynganiad:	Gwallt ar ben **hou** fedwen haf
	Maredudd **marw** yr ydwyt.
Ynganiad:	Maredudd **mar wyr** ydwyt.

Sillafau

Y mae geiriau wedi eu gwneud o ddarnau. Yr enw ar y darnau hyn ydi **sillafau**.

Gall geiriau fod yn **unsill** (unsillafog, hynny yw, yn cynnwys **un** sillaf) fel:

> *tân, moch, lle, llwy, trên*

neu gallant fod yn **lluosill** (lluosillafog, hynny yw, yn cynnwys **mwy** nag un sillaf) fel:

$$\overset{1 \quad 2}{cadair} \quad (cad\text{-}air)$$

+1
$$\overset{1 \quad 2 \quad 3}{cadeiriau} \quad (cad\text{-}eir\text{-}iau)$$

+1
$$\overset{1 \; 2 \; 3 \quad 4}{anifeiliaid} \quad (an\text{-}i\text{-}feil\text{-}iaid)$$

+1 +1
$$\overset{1 \quad 2 \quad 3 \quad 4 \; 5 \; 6}{anysbrydoledig} \quad (an\text{-}ys\text{-}bryd\text{-}ol\text{-}ed\text{-}ig)$$

Acenion

1 Gelwir y rhan y mae'r pwyslais arni mewn gair yn rhan **acennog**. Ar bob gair unsill y mae yna **acen**:

> glo, plu, oen, llé

2 Fel rheol, mewn geiriau o fwy nag un sillaf (geiriau lluosill) y mae'r acen, yn Gymraeg, yn dod ar **y sillaf olaf ond un**, neu'r **goben** (go + pen), fel y gelwir hi.

enghreifftiau:

bryniau	(brýn-iau)
miliynau	(mil-íyn-au)
gorfoleddus	(gor-fol-édd-us)

3 Eithriadau ydi'r geiriau Cymraeg lle nad ydi'r acen ar y goben.

enghreifftiau:

coffâd
tristáu
parhad - ❢*sylwer*: dim acen

4 Y mae *h* yn niwedd geiriau'n tueddu i daflu'r acen ymlaen i'r rhan honno (gydag eithriadau, megis *traha*). Oherwydd hyn does dim angen cael unrhyw arwydd, fel acen grom (^), neu acen ddyrchafedig (neu lem, fel y'i gelwir hefyd) ('), i nodi hynny.

✔ **cywir**	✘ **anghywir**
mwynhad	mwynhâd
rhyddhad	rhyddhâd
sarhad	sarhâd
trugarhau	trugarháu
anufuddhau	anufuddháu

(Bellach y mae wedi dod yn arfer rhoi acen grom yn y gair *gwahân* er gwaethaf yr **h**, ond arfer [– briodol –] ydyw: *ar wahân*.)

! *sylwer:*

At **acenion geiriau** y cyfeirir uchod, ac nid at acenion mewn barddoniaeth.

1 Mewn barddoniaeth rydd, **pwyslais arbennig o fewn patrwm rhythmig** ydi acen.

enghreifftiau:

(a)
> / / / /
> Gwyn eu byd yr adar gwylltion,
> / / / /
> Hwy gânt fynd i'r fan a fynnon',
> / / / /
> Rhai tua'r môr a rhai tua'r mynydd
> / / / /
> A dŵad adref yn ddigerydd.
>
> (Hen bennill)

(b)
> / / / / /
> Ni wêl y teithiwr talog mono bron
>
> (*Llyn y Gadair*: T. H. Parry-Williams)

(c)

Yr oedd hi, y diwrnod hwnnw,

Yn ail o Fedi.

A dyma ni, fel teulu,

Yn penderfynu mynd i lan y môr.

(*Croesi Traeth*: Gwyn Thomas)

2 Mewn llinellau o farddoniaeth gaeth y mae'r prif acenion yn rheoli'r gynghanedd.

enghreifftiau:

(a)

O ryfedd dorf ddiderfysg - y meirwon

Â gwymon yn gymysg

Parlyrau'r perl, erwau'r pysg

Yw bedd disgleirdeb addysg.

(*Beddargraff Morwr*: R. Williams Parry)

(b)

Be' welodd yr hac boliog - o Lundain,

A landiodd mor dalog?

Nid brenin ar ei riniog,

Nid dyn trist, a'i Grist ar grog.

(*R.S.*: Twm Morys)

(c)

Wylít, wylít, Lywélyn,

Wylít waed pe gwélit hyn.

(*Fy Ngwlad*: Gerallt Lloyd Owen)

(ch)

Hon yw íaith y môr a wná

Fynd ymáith heb fynd o 'má;

Y lôn gyfýng lawn gofód

Y dáfnau bas dyfná'n bod.

(*Hen Ŵr y Môr*: Ceri Wyn Jones)

Y fannod

Gair bach (geiryn) o flaen enw neu ferfenw ydi'r **fannod** (treiglad o *bannod*). Gwneud enw neu ferfenw yn **benodol** neu'n **arbennig** yw ei gwaith.

enghraifft:

| Mae dyn yn y cae. | *dyn* = unrhyw ddyn. |
| Mae'r dyn yn y cae. | *'r dyn, y dyn* = nid unrhyw ddyn, ond dyn penodol, dyn arbennig. |

Dyma ffurfiau'r fannod:

yr O flaen llafariaid, ac *h*:
> *yr afal, yr oren, yr ŵydd, yr iâr, yr haf, yr haul*

y O flaen pob cytsain (gan gynnwys *w* gytsain [+*w*]) ond *h*:
> *y tŷ, y pentref, y wal, y wennol*

'r (a) Ar ôl gair sy'n diweddu mewn llafariad:
> *o'r dref*   *i'r fynwent*
> *gyda'r wawr*   *efo'r ŵyn*
> *rheda'r iâr*   *llusgo'r marw*

(b) Fe'i ceir **weithiau** ar ôl y gytsain *n* (yn enwedig), pan fydd yr **'r** wedi datblygu, mewn gwirionedd, i fod yn rhan o'r gair sy'n ei dilyn:
> *Ty'n 'ronnen, Glan 'rafon, Pen 'rallt, yn 'rar(dd)*

! sylwer:

1 Defnyddir y fannod o flaen enwau:

(a) rhai trefi, a'r peth gorau i'w wneud ydi rhoi **prif lythyren** i'r fannod: *Y Bala; Y Rhyl; Y Trallwm*;

(b) rhai gwledydd: *Yr Alban; Yr Aifft; Yr Eidal*. Ni roddir hi o flaen *Lloegr*.

Y duedd ydi peidio â rhoi prif lythyren i'r fannod mewn enwau lleoedd ynghanol brawddegau.

2 Defnyddir y fannod o flaen enwau amryw o wyliau: *y Nadolig; y Pasg; y Sulgwyn*.

3 Defnyddir y fannod o flaen enwau'r tymhorau – heb brif lythyren yn enw'r tymor: *y gwanwyn; yr haf; yr hydref; y gaeaf*.

4 Defnyddir y fannod **bob amser** o flaen *rhain* = *y rhain*, a *rheini* = *y rheini*.

5 Defnyddir y fannod gydag *yn* wrth gyfeirio at enw cyffredin pendant: *yn y dref* = tref benodol; *yn y ffair* = ffair benodol; *yn y tŷ* = tŷ penodol.

Gydag enw amhendant, *mewn* a ddefnyddir: *mewn tref* = unrhyw dref; *mewn ffair* = unrhyw ffair; *mewn tŷ* = unrhyw dŷ.

Gydag enw lle, ni ddefnyddir y fannod, oni bai ei bod hi'n rhan o enw'r lle hwnnw: *yn Llanuwchllyn; yn Llanelli; yng Nghaerdydd*.

Enwau

Enwau cyffredin

Dychmygwch fod rhywun yn gofyn y cwestiwn hwn:

"Ble mae'r llyfrau?"

ac yn cael ateb fel hyn:

"Y maen' nhw ar y peth pedair coes yna yn y gegin."

Ond, yn y gegin, y mae yna un gadair ac un bwrdd – a phedair coes gan y ddau ohonyn nhw. Byddai ateb fel hyn yn gwneud pethau'n eglur:

"Y maen' nhw ar y *bwrdd*, ac nid ar y *gadair* yn y gegin."

Y mae'r geiriau *bwrdd* a *cadair* yn **enwau**. Fe'u gelwir nhw'n **enwau cyffredin** am fod *bwrdd* yn enw ar bob bwrdd, a *cadair* yn enw ar bob cadair.

 Fformiwla at adnabod enw cyffredin:

Gofynnwch y cwestiwn:

Beth ydi **hwn/hon/hyn**? **Ateb: enw cyffredin**.

Enwau priod

Y mae gan bawb ohonom ei enw ei hun, sef enw sy'n perthyn i ni a neb arall – er bod yna, wrth gwrs, sawl 'John'. Os 'John' ydi'ch enw chi, chi **a neb arall** biau'r enw hwnnw: y mae'n **enw priod** i chi.

Y mae gan leoedd eu henwau eu hunain hefyd, sef eu **henwau priod**.

Fformiwla at adnabod enw priod:

Am **bobl**, gofynnwch y cwestiwn:
>   **Pwy** ydi **hwn/hon?**

Ateb: Enw priod, er enghraifft, **Bryn**, **Megan**.

Am **leoedd** gofynnwch y cwestiwn:
>   **Pa le/ble/lle** ydi **hwn**?

Ateb: Enw priod, er enghraifft, **Conwy**, **Caerdydd**.

>   **Beth** ydi **hwn/hon**?

Ateb: Dinas *neu* pentref = **enw cyffredin**.

Enwau torfol

Fe geir enwau am nifer o bethau gyda'i gilydd: **enwau torfol** ydi'r rhain.

enghreifftiau:

Llawer o bobl	=	**torf** neu **tyrfa** o bobl
Llawer o filwyr	=	**byddin** o filwyr
Llawer o wartheg	=	**gyr** o wartheg
Llawer o ddefaid	=	**diadell** o ddefaid
Llawer o adar	=	**haid** o adar

Enwau diriaethol

Mae **diriaeth** yn rhywbeth â **sylwedd** iddo. Gallwch ymateb i ddiriaeth efo un o'ch pum synnwyr:

1. gweld
2. clywed
3. arogli
4. blasu, neu brofi
5. cyffwrdd, neu deimlo.

Geiriau diriaethol: *cadair, cloch, blodyn, mêl, melfed.*

Gallwch ymateb iddynt gydag un neu fwy o'ch synhwyrau.

Y fformiwla fwyaf ymarferol at adnabod diriaeth:

Cwestiwn: A allaf fi, neu a allwn i ar ryw adeg**, ei weld, a phwyntio ato** a dweud: **'Dyma fo/fe** neu **hi?'**

Ateb: **'Gallaf/Gallwn.'**

Yna y mae'r peth yn **ddiriaeth.**

enghreifftiau:

cath:

Cwestiwn: A allaf fi **weld cath a phwyntio ati** a dweud, 'Dyma hi'?

Ateb: 'Gallaf.'

Y mae *cath* yn **ddiriaeth,** a'r enw *cath* yn **enw diriaethol.**

Dafydd ap Gwilym:

Cwestiwn: A allwn i, ar ryw adeg, **ei weld a phwyntio ato** a dweud 'Dyma fo' ?

Ateb: 'Gallwn.'

Yr oedd *Dafydd ap Gwilym* yn **ddiriaeth,** ac y mae'r enw *Dafydd ap Gwilym* yn **enw diriaethol.**

 Y mae *gwynt* yn ddiriaeth. Fe allwn ei deimlo.

Enwau haniaethol

Dydi **haniaeth** ddim yn sylwedd: **math o syniad** ydi o.

Allwch chi ddim ymateb i haniaeth gydag un o'ch pum synnwyr.

Y fformiwla fwyaf ymarferol at adnabod haniaeth:

Cwestiwn: A allaf fi, neu a allwn i, ar ryw adeg, **ei weld a phwyntio ato** a dweud, **'Dyma fo/fe** neu **hi**?'

Ateb: **'Na allaf / Na allwn.'**

Y mae'r peth yn **haniaeth.**

enghreifftiau:

harddwch:

Cwestiwn: A allaf fi weld *harddwch* a phwyntio ato a dweud, 'Dyma fo'?

Ateb: 'Na allaf.'

Fe allaf fi weld **esiamplau** o bethau hardd - megis *geneth hardd* neu *olygfa hardd* - ond ni allaf weld *harddwch* ei hun yn gyflawn a dweud, 'Dyma fo *harddwch*'.

Haniaeth ydi *harddwch*.

hiraeth:

Cwestiwn: A allaf fi weld *hiraeth* a phwyntio ato a dweud, 'Dyma fo *hiraeth*'?

Ateb: 'Na allaf.'

Fe allaf fi weld **esiamplau** o *bobl hiraethus,* ond ni allaf weld *hiraeth* ei hun yn gyflawn a dweud, 'Dyma fo *hiraeth*'.

Haniaeth ydi *hiraeth*.

! sylwer:

Un o nodweddion ysgrifennu dychmygus ydi ei fod, yn aml, yn ymdrin â diriaethau'n hytrach na haniaethau.

Un rheswm am hynny ydi fod rhywun yn ymateb yn fwy cyflawn ac yn gryfach i ddiriaeth nag i haniaeth. Y mae rhywun yn ymateb i ddiriaeth **gyda'i feddwl a'i gorff**, tra'i fod yn ymateb, fel arfer, i haniaeth gyda'i feddwl.

enghreifftiau:

Nid oes cariad yma. (Mynegiant haniaethol)

Does dim fflam cariad yma. (Mynegiant diriaethol)

Teimlwn ofn mawr. (Mynegiant haniaethol)

Teimlwn grafanc oer ofn yn gafael ynof.
(Mynegiant diriaethol)

Ffurfio enwau haniaethol

❶ Gellir troi nifer o **enwau cyffredin unigol** yn **enwau haniaethol**. Y peth pwysicaf sy'n digwydd ydi **ychwanegu terfyniad**, fel hyn:

enw cyffredin unigol	➡	enw haniaethol
gwas	➡	gwasanaeth
cyfaill	➡	cyfeillgarwch

❷ Gellir troi nifer o **ansoddeiriau unigol** (Adran 10) yn **enwau haniaethol**. Y peth pwysicaf sy'n digwydd yn y newid hwn, hefyd, ydi **ychwanegu terfyniad**, fel hyn:

ffurf unigol ansoddair	➡	enw haniaethol
tlws	➡	tlysni
brwnt	➡	bryntni
glân	➡	glendid

Fformiwla at droi enwau cyffredin unigol neu ffurfiau unigol ansoddeiriau yn enwau haniaethol:

Rhoi *dy* o flaen yr enw cyffredin neu'r ansoddair sydd yn mynd i gael ei newid:

enw neu ansoddair		enw haniaethol
llanc	dy lencyndod	llencyndod
cyfaill	dy gyfeillgarwch	cyfeillgarwch
ufudd	dy ufudd-dod	ufudd-dod
cas	dy gasineb	casineb

Dwy ffaith am enwau Cymraeg:

❶ Cenedl enwau

Y mae pob enw cyffredin un ai'n **wrywaidd** (yn **hwn**) neu'n **fenywaidd** (yn **hon**). Dyma ydi **cenedl enwau**.

enghreifftiau:

| bwrdd | y bwrdd **hwn** | **Gwrywaidd** ydi cenedl yr enw *bwrdd*. |
| cath | y gath **hon** | **Benywaidd** ydi cenedl yr enw *cath*. |

! sylwer: Y mae rhai enwau sydd yn wrywaidd neu'n fenywaidd.

enghreifftiau:

llygad	y llygad hwn	**neu**	y llygad hon
cwpan	y cwpan hwn	**neu**	y gwpan hon
troed	y troed hwn	**neu**	y droed hon
munud	y munud hwn	**neu**	y funud hon
cyngerdd	y cyngerdd hwn	**neu**	y gyngerdd hon

Gellid ychwanegu'r canlynol at y rhain, gan eu bod i'w clywed gan Gymry Cymraeg cynhenid ers tro byd:

| pennill | y pennill **hwn** | **neu** | y bennill **hon** |
| emyn | yr emyn **hwn** | **neu** | yr emyn **hon** |

Y mae tuedd ddiweddar i drin hyd yn oed yr enw *englyn* a oedd - yn bendant iawn - yn wrywaidd (*yr englyn* **hwn**), fel pe bai'n fenywaidd. Nid yw hyn i'w gymeradwyo mewn ysgrifennu ffurfiol.

Ond a oes rheswm am hyn?

Cynsail y gair, neu'r syniad sydd y tu ôl i'r gair *englyn,* a'r gair *pennill,* ac *emyn* ydi *cân,* sydd yn air benywaidd. Y mae grym y cynsail yn dylanwadu ar eiriau sy'n deillio ohono ac yn rhoi inni
➡ *yr emyn* **hon***, y bennill* **hon***.*

Dulliau o wahaniaethu rhwng ffurfiau rhai enwau gwrywaidd a benywaidd

(a) Defnyddio *gŵr* a *gwraig* i ddynodi cenedl enw:

cynhorthwy + **gŵr**	➡	*cynorthwywr*
cynhorthwy + **gwraig**	➡	*cynorthwywraig*
darlledu + **gŵr**	➡	*darlledwr*
darlledu + **gwraig**	➡	*darlledwraig*

(b) Ychwanegu'r terfyniad -*es* at y ffurf wrywaidd – gan newid mymryn ar y ffurf wrywaidd weithiau:

| *actor* ➡ | *actor***es** | *brenin* ➡ | *brenhin***es** |
| *awdur* ➡ | *awdur***es** | *athro* ➡ | *athraw***es** |

Enwau cyfansawdd clwm

Enwau gyda mwy nag un enw ynddyn nhw ydi'r rhain. (Gweler tudalen 36)

Y mae cenedl enw o'r fath yn dibynnu ar **y gair olaf** ynddo.

enghreifftiau:

(a) awyrgylch = awyr + cylch
  y 'cylch' hwn = **gwrywaidd**
  Felly, enw gwrywaidd ydi 'awyrgylch'.

(b) tirwedd = tir + gwedd
  y 'wedd' hon = **benywaidd**
  Felly, enw benywaidd ydi 'tirwedd'.

(c) tafodiaith = tafod + iaith
  yr 'iaith' hon = **benywaidd**
  Felly, enw benywaidd ydi 'tafodiaith'.

(ch) morglawdd = môr + clawdd
  y 'clawdd' hwn = **gwrywaidd**
  Felly, enw gwrywaidd ydi 'morglawdd'.

Cenedl y **gair** yw cenedl yr enw. Felly y mae'r gair *cath* yn fenywaidd **bob amser.** Os oes gennych gath o'r enw Tomos, y mae'r gair *cath* yn dal i fod yn fenywaidd, a phe baech chi'n cyfeirio at eich cath, Tomos, yr hyn y byddech yn ei ddweud fyddai *y gath sy gennym ni,* ac **nid** ~~y cath sy gennym ni.~~

❷ Unigol a lluosog

Y mae i'r rhan fwyaf o enwau cyffredin Cymraeg ddwy ffurf, sef ffurf **unigol,** a ffurf **luosog.**

enghreifftiau:

Unigol	Lluosog	Sut y mae'r unigol yn troi'n lluosog
llong	llong**au**	Ychwanegu terfyniad.
ff**o**n	ff**y**n	Newid llafariaid.
gwl**a**d	gwl**e**d**ydd**	Newid llafariaid ac ychwanegu terfyniad.
moch**yn**	moch	Colli terfyniad.
cac**y**nen	cac**w**n	Newid llafariaid a cholli terfyniad.
cwning**en**	cwning**od**	Newid terfyniad.
mi**a**r**en**	mi**e**r**i**	Newid llafariaid a newid terfyniad.

! *sylwer:*

(a) Er bod y gair *pobl* yn cyfeirio at nifer o unigolion, **gair unigol, benywaidd** ydi o, ac y mae iddo luosog, sef *pobloedd.*

Felly y mae'n treiglo'n feddal ar ôl y fannod (fel pob *enw benywaidd unigol*) ➡ *y bobl hyn.*

(b) i. Y mae gan rai enwau **fwy nag un ffurf luosog**:
     stori ➡ *storïau* neu *straeon*
     Gallwch ddefnyddio'r naill neu'r llall.

ii. *llwyth* ➡ *llwythi; llwyth* ➡ *llwythau*
    Sylwer: Y mae **gwahaniaeth** ystyr yma:
    llwythi = S. *loads; llwythau* = S. *tribes.*

iii. Y mae yna rai geiriau prin y mae ganddyn nhw **luosog dwbl**:

Unigol	Lluosog	Lluosog dwbl
dilledyn	dillad	dilladau
neges	negesau	negeseuau **neu** negeseuon

Ansoddeiriau

Y mae'r gair **ansoddair** yn **enw cyfansawdd clwm** (y mae wedi ei gyfansoddi o ddau air), sef:

ansawdd + gair

Y mae **ansoddair** yn dweud beth ydi **ansawdd** enw; y mae'n **disgrifio ansawdd** enw; y mae'n dweud wrthym ni **sut** un ydi'r gwrthrych sydd yn cael ei enwi.

enghreifftiau:

mochyn **tew**

Y mae *tew* yn dweud wrthym ni beth ydi ansawdd y mochyn, yn dweud **sut** un ydi o.

awyren **anferth**

Y mae *anferth* yn dweud wrthym ni beth ydi ansawdd yr awyren, yn dweud **sut** un ydi hi.

> **Fformiwla at adnabod ansoddair:**
>
> Gofynnwch: **Sut un ydi hwn/hon?**
> **Sut rai ydi'r rhain?**
>
> Fe fydd yr ateb yn **ansoddair.**

enghraifft:

Gwelais ŵr tal, tenau.

Sut un ydi hwn [y gŵr]?

Tal, tenau.

Y mae *tal, tenau* yn **ansoddeiriau.**

! sylwer:

Weithiau, fe all enw ymddangos fel pe bai'n gweithredu fel ansoddair. Ystyriwch y gwahaniaeth rhwng y pâr hwn:

Adran Daearyddiaeth   Adran Ddaearyddiaeth

Yn y geiriau *Adran Daearyddiaeth* y mae gennym ni ddau enw wrth ochr ei gilydd, y mae hyn yn rhoi inni yr hyn a elwir, yn Lladin, yn **gyflwr genidol**.

Beth ydi hynny? Y mae cael dau enw wrth ochrau ei gilydd, fel hyn, yn golygu mai Adran **sy'n perthyn** i Ddaearyddiaeth ydi hi (yn Saesneg, *of Geography*), a does yna ddim treiglad (Adrannau 26-29) yn yr enw *Daearyddiaeth*.

Ond gellir cael *yr Adran Ddaearyddiaeth* hefyd, lle y mae yna dreiglad yn yr ail enw, *Ddaearyddiaeth* (y mae *D* yn newid yn *Dd*) h.y. *the Geography Department*.

A ydi'r enw *Daearyddiaeth* yn gweithredu fel ansoddair ar ôl enw benywaidd yma?

Fe all fod, medd ambell un.

Ond ystyriwch yr enwau hyn: *Llety Fadog, Tyddewi.*

Enwau gwrywaidd unigol ydi *Llety a tŷ*, a *Llety dymunol, tŷ dymunol* a ddywedem ni, nid *Llety ddymunol, na tŷ ddymunol.*

Os felly, beth sy'n cyfrif am y treiglad? Fe allem ddweud mai eithriadau ydyn nhw, neu fe allem ddweud fod yr enwau priod *Madog* a *Dewi* yn ail elfen **enwau cyfansawdd** (sef, enw â dau air ynddo), lle y mae'r ail elfen yn treiglo.

Enghreifftiau o **enwau cyfansawdd clwm** yw *Llandudno* a *hudlath* lle mae ail elfen yr un gair yn treiglo:

llan + Tudno = Llandudno; hud + llath = hudlath.

Safle'r ansoddair

Fel rheol, daw ansoddair neu ansoddeiriau **ar ôl** yr enw yn Gymraeg.

enghreifftiau: mwnci **hyll**
                   arth **ofnadwy**
                   golygfa **hardd, ddymunol**

Ond y mae rhai ansoddeiriau sy'n dod, gan amlaf, o flaen enw:

hen	**hen** dŷ, **hen** ddyn, **hen** ffordd
prif	**prif**ddinas, **prif** atyniad
gwir	**gwir** ffydd
annwyl	fy **annwyl** frawd, **Annwyl** Gyfaill
cryn	**cryn** anhawster

pob	*pob* dyn **nid** *pob* dynion
rhai	*rhai* pethau

Gall rhai o'r ansoddeiriau hyn olygu peth cwbl wahanol o'u rhoi **ar ôl** enwau.

enghraifft:

   unig fab   = golyga hyn nad oes gan ei rieni fab arall.

   mab **unig**   = golyga fod y mab yn teimlo'i fod ar ei ben ei hun.

   priod iaith = yr iaith sy'n perthyn i rywun neu rywle:
                     Ffrangeg ydi *priod* iaith Ffrainc.

   gŵr **priod**   = gŵr sydd wedi priodi.

Os ydi ansoddair sydd, fel arfer, yn cael ei roi o flaen enw yn cael ei roi ar ei ôl, yna y mae'n tynnu sylw ato'i hun.

Gellir creu effaith gref, neu un wan a barddonllyd (nid barddonol) trwy wneud hyn. Y mae'r cwbl yn dibynnu ar y cyd-destun.

enghreifftiau:

> yr **olaf** hun [hun = cwsg]
> yr **anferthol** fôr
> y **gogoneddus** arglwydd
> y **cythryblus** gymylau
> yr **hen, lesmeiriol** baent

Troi ansoddair yn enw

Gellir troi llawer o ansoddeiriau yn enwau trwy roi'r fannod o'u blaen.

enghreifftiau:

> Roedd y **tlodion** yn dioddef yn arw.
> Y mae'r **tlawd** a'r **cyfoethog** yn dioddef yn y rhyfel.

Lluosog ansoddeiriau

Y mae gan rai ansoddeiriau ffurfiau lluosog. Ffurfir y lluosog trwy newid ffurf wrywaidd yr ansoddair:

Unigol	Lluosog
bychan	bychain
mawr	mawrion

Fel rheol, defnyddir ffurfiau lluosog yr ansoddeiriau *bychain, eraill* gydag enwau lluosog.

enghreifftiau:

plant **bychain**	nid	plant **bychan**	
dynion **eraill**	nid	dynion **arall**	

❗ sylwer:

Does dim rhaid defnyddio ffurfiau lluosog pob ansoddair gydag enwau lluosog.

Gellir dweud:

> cŵn **du** a cŵn **duon**
> genethod **tlws** a genethod **tlysion**

Ni ddylid defnyddio lluosog yr ansoddair *mawr* ar ôl enw lluosog:

> ✔ dynion **mawr** nid dynion **mawrion** ✘

Ffurfiau benywaidd rhai ansoddeiriau

Y mae gan rai ansoddeiriau ffurfiau benywaidd. Ansoddeiriau unsill yn cynnwys *w* neu *y* ydi'r rhain. Dyma'r newid sy'n digwydd wrth lunio'r ffurfiau benywaidd:

w ➡ o	y ➡ e
crwn cron	gwyn gwen
llwm llom	gwyrdd gwerdd

Defnyddir ffurfiau benywaidd yr ansoddair gydag enwau benywaidd unigol.

enghreifftiau:

> siwt **werdd**
> geneth **gref**
> het **wen**

Cymharu ansoddeiriau

Y mae pedair **gradd** i'r ansoddair yn Gymraeg, sef:

> **Cysefin; Cyfartal; Cymharol; Eithaf.**

enghreifftiau:

Y mae goleuadau dinas yn **hardd**. (**Cysefin**)

Y mae goleuadau harbwr **cyn hardded â** rhai'r ddinas.
(*Yr un mor hardd â:* **Cyfartal**)

Y mae golau'r sêr yn **harddach nag** unrhyw oleuadau
ar y ddaear. (*Un radd yn fwy:* **Cymharol**)

Golau'r haul yw'r **harddaf** o'r holl oleuadau.
(*Yn well na'r lleill i gyd:* **Eithaf**)

❶ Cymharu rheolaidd

Wrth gymharu ansoddair **yn rheolaidd,** fe **ychwanegir y terfyniadau hyn:**

-ed   -ach   -af

at **ffurf gysefin** neu syml yr ansoddair. Ond fe newidir mymryn ar y ffurf honno weithiau, fel yn *trwm, trymed*.

Cysefin	Cyfartal	Cymharol	Eithaf
du	dued	duach	duaf
trwm	trymed	trymach	trymaf
caled	caleted	caletach	caletaf

❷ Cymharu afreolaidd

Y mae rhai ansoddeiriau nad ydyn nhw ddim yn dilyn y patrwm uchod.

Cysefin	Cyfartal	Cymharol	Eithaf
da	cystal	gwell	gorau
mawr	cymaint	mwy	mwyaf
isel	ised	is	isaf

❸ Cymharu gan gadw ffurf gysefin yr ansoddair

Y mae ansoddeiriau eraill nad ydyn nhw, fel arfer, yn cymharu yn yr un o'r ddwy ffordd a nodwyd. Rhoddir:

mor   mwy   mwyaf

o flaen y radd gysefin, fel hyn:

Cysefin	Cyfartal	Cymharol	Eithaf
dymunol	mor ddymunol	mwy dymunol	mwyaf dymunol
cyfoethog	mor gyfoethog	mwy cyfoethog	mwyaf cyfoethog
costus	mor gostus	mwy costus	mwyaf costus
treisgar	mor dreisgar	mwy treisgar	mwyaf treisgar

Y mae hyn yn digwydd gyda rhai ansoddeiriau o ddwy sillaf a mwy, yn **enwedig** rhai'n diweddu ag:

-ol, -og, -us, -gar

Y mae rhoi'r geiriau *mor*, *mwy*, *mwyaf* o flaen y **radd gysefin** yn hen ddull o gymharu ansoddeiriau yn y Gymraeg ac, yn ddiweddar, y mae'n ddull sydd ar gynnydd.

Fformiwlâu at gael hyd i raddau cyfartal, cymharol, ac eithaf ansoddair:

cysefin:	**du**		
cyfartal:	cyn **ddued** â/ag	neu	mor **ddu** â/ag
cymharol:	yn **dduach** na/nag	neu	mwy **du** na/nag
eithaf:	yr/y **duaf** un	neu	yr un mwyaf **du**

! *sylwer:*

❶ Fe ychwanegwyd **terfyniadau cymariaethol** at rai **enwau**:

Enw	→	Terfyniad cymharu
blaen	→	*blaenaf* (ar y blaen un)
dewis	→	*dewisach* (yn fwy dewisol)
diwedd	→	*diwethaf* (yr olaf mewn cyfres)
elw	→	*elwach* (yn well)
lles	→	*llesach* (o fwy o les)
ôl	→	*olaf* (y diwethaf un)
rhaid	→	*rheitied* (yr un mor angenrheidiol)
	→	*rheitiach* (yn fwy angenrheidiol)
	→	*rheitiaf* (y mwyaf angenrheidiol)
rhagor	→	*rhagored* (yn yr un safle; cystal)
	→	*rhagorach* (mwy ar y blaen; gwell)
	→	*rhagoraf* (ar y blaen un; gorau)

❷ Ni ddylid ychwanegu'r terfyniad *-ed* at ansoddair ar ôl ***mor***:

mor bell ✔ **cywir**   **mor** belled ✖ **anghywir**

mewn ysgrifennu ffurfiol, er bod y ffurf yn gyffredin mewn rhai tafodieithoedd, ac yn dderbyniol i gyfleu sgwrsio.

❸ *Po* + gradd **eithaf** ansoddair: **po** *fwyaf;* **po** *leiaf*

Creu ansoddeiriau

Gellir troi enw, neu ferfenw, yn ansoddair trwy ychwanegu ato (gan newid mymryn ar y ffurf wreiddiol weithiau):

Enw	Ansoddair	
ofn	ofn-us	➡ ofnus
teimlad	teimlad-wy	➡ teimladwy
câr	car-edig	➡ caredig
marw	marw-aidd	➡ marwaidd
meddwl	meddyl-gar	➡ meddylgar

Berfenw	Ansoddair	
canlyn	canlyn-ol	➡ canlynol
derbyn	derbyn-iol	➡ derbyniol

! sylwer:

Gellir ychwanegu mwy nag un terfyniad at rai ffurfiau:

-edig ac **-adwy**

golau	golau-edig	➡ goleuedig = un sydd wedi cael ei oleuo
golau	golau-adwy	➡ goleuadwy = un y gellir ei oleuo

-edig ac **-og**

sefydlu	sefydl-og	➡ sefydlog = yn gadarn yn ei le
sefydlu	sefydl-edig	➡ sefydledig = sydd wedi ei sefydlu

Rhagenwau

Rydym ni wedi gweld peth mor hwylus ydi **enw**. Ond fe all enw fynd yn fwrn ac yn faich o'i or-ddefnyddio. Ystyriwch y darn nesaf hwn:

> *Y mae Jac yn chwaraewr tennis da iawn, a synnwn
> i ddim na fydd Jac yn ennill y gystadleuaeth y mae
> Jac yn mynd i gymryd rhan ynddi.*

Yn lle dweud enw 'Jac' bob tro y cyfeirir ato, llawer haws fyddai dweud hyn:

> *Y mae Jac yn chwaraewr tennis da iawn a synnwn i ddim
> na fydd **e**'n/**o**'n ennill y gystadleuaeth y mae **e**'n/**o**'n mynd
> i gymryd rhan ynddi.*

Y mae'r geiriau sydd mewn teip trwm *e* (= **ef**), *o* (= **fo**) yn sefyll **yn lle enw**: y maen' nhw'n **rhagenwau.**

 Fformiwla at adnabod rhagenw:
Gair yn lle enw ydi rhagenw.

Yn Gymraeg (fel mewn ieithoedd eraill) fe feddylir am bawb dan **dri pherson unigol**, a **thri pherson lluosog**, fel hyn:

	Unigol	Lluosog
Person Cyntaf	fi, i (mi)	ni
Ail Berson	ti, chdi, chi (chwi)	chi (chwi)
Trydydd Person	fe/e, fo/o, ef, hi	nhw (hwy/hwynt)

enghreifftiau:

	Unigol	Lluosog
Person Cyntaf	fi, i (mi)	ni
	(Dechrau gyda chi eich hun. Chi sy'n llefaru.)	(Rydych yn rhan o'r grŵp hwn. Rydych yn llefaru ar ran y grŵp.)
Ail Berson	ti neu chdi, neu chi (chwi) o ran parch.	chi (chwi)
	(Y mae hwn/hon yn agos atoch chi. Rydych yn siarad ag ef/hi.)	(Y mae'r grŵp hwn yn agos atoch. Rydych yn siarad â'r grŵp.)
Trydydd Person	fe/e, fo/o, ef (gwrywaidd); a hi (benywaidd).	nhw (hwy); neu hwynt (anaml y defnyddir *hwynt*)
	(Y mae hwn/hon ymhellach oddi wrthych chi. Rydych chi'n siarad amdano ef/hi.)	(Y mae'r grŵp hwn ymhellach oddi wrthych chi. Rydych chi'n siarad am y grŵp hwn.)

[Y mae gan rai rhagenwau ffurfiau ffurfiol ac anffurfiol. Y rhai anffurfiol sydd yn gyffredin bellach; nodir y rhai ffurfiol mewn cromfachau uchod.]

Rhagenwau syml, annibynnol

Rhagenwau syml ydi'r rhai'r ydym ni wedi sôn amdanyn nhw.
Y maen' nhw'n eiriau **un sillaf**, fel y gwelwch chi. Dydyn nhw
ddim yn cyfleu **pwyslais arbennig**.

! *sylwer:*

Ceir *fe* a *mi* o flaen berfau yn eithaf cyson, er enghraifft:

fe wyddoch	**mi** wyddoch
fe aethant	**mi** aethant
fe welsom	**mi** welsom
fe leddir	**mi** leddir

Y mae'r rhagenwau hyn wedi colli eu swyddogaeth fel rhagenwau
ac wedi tyfu'n **eirynnau rhagferfol**, hynny ydi, **geiriau bach**
sy'n digwydd **o flaen berfau**. Gellir eu defnyddio o flaen amrywiol
bersonau berf, a'i ffurf amhersonol (Adran 16).

Rhagenwau dwbl, annibynnol

[Nodir yr anffurfiol mewn cromfachau y tro hwn er mwyn dangos
y ffurf wreiddiol yn glir.]

	Unigol	Lluosog
Person Cyntaf	**myfi** (y fi)	**nyni** (y ni)
Ail Berson	**tydi** (y chdi)	**chwychwi** (y chi)
Trydydd Person	**efô** (y fo)	**hwynt-hwy** (y nhw)
	efe (y fe)	
	hyhi (y hi)	

(Weithiau nid yw *y*, yn y ffurfiau llafar, yn fawr fwy nag anadliad.)

Rhagenwau dwbl ydi'r rhain. Y maen' nhw'n eiriau **o fwy nag un sillaf**. Y maen' nhw'n cyfleu **pwyslais**.

enghreifftiau:

> Ai **tydi** (**y chdi**) a laddodd y gath?
> Nid **chwychwi** (**y chi**) biau'r tŷ.

Pam y gelwir y rhagenwau uchod yn annibynnol?

Am eu bod nhw'n gallu **sefyll ar eu pennau eu hunain**, heb ddibynnu ar enw (Adran 9), neu ferf (Adrannau 16-22), neu arddodiad rhedadwy (Adran 24).

enghreifftiau:

Y gwahaniaeth rhwng rhagenw annibynnol a dibynnol

(a) Clywais **hi**.

Pe baem ni'n tynnu'r rhagenw *hi* o'r frawddeg ac ysgrifennu:

Clywais.

fe welwch chi fod hyn yn gwneud gwahaniaeth i'r ystyr. Y mae'r rhagenw *hi* yn gallu sefyll ar ei ben ei hun: y mae'n **rhagenw annibynnol**.

(b) A glywaist **ti** fod yr eliffant wedi marw?

Pe baem ni'n tynnu'r rhagenw *ti* o'r frawddeg ac ysgrifennu:

A glywaist fod yr eliffant wedi marw?

Dydi hyn ddim yn gwneud gwahaniaeth i ystyr y frawddeg – y mae *ti* yma yn rhagenw sy'n **dibynnu** ar y ferf ac yn dod ar ei hôl hi: y mae'n **rhagenw dibynnol, ôl** (gweler isod).

Y mae'r **rhagenwau annibynnol** yn digwydd fel hyn:

1 ar ddechrau brawddeg:

> **Ni** aeth â'r ci a oedd wedi brifo at y fet.
> **Nhw** wnaeth ddwyn y car.
> **Chwychwi** (**Y chi**) aeth ati i greu helynt.
> **Tydi** (**Y chdi**) ydi'r ffŵl mwyaf yn Ewrop.

2 fe all y **rhagenwau annibynnol** sefyll ar eu pennau eu hunain yn hollol, fel pan ddefnyddir nhw fel atebion i gwestiynau:

> Pwy sy'n mynd i brynu'r ci yma gen i?
> **Fi**.

3 ar ôl cysyllteiriau (Adran 25):

> **Fe/fo a fi** oedd y nofwyr gorau yn y gystadleuaeth.
>
> **Hi neu ti** sydd yn mynd i gynrychioli'r ysgol
> yn y bencampwriaeth.

4 ar ôl arddodiaid nad ydyn nhw'n rhedadwy (Adran 24):

> Anaml y gwelwch chi rywun **fel hi**,
> sy'n gwneud yn dda ymhob pwnc.
>
> Mi ddof i yno **gyda chi**.

Rhagenwau dibynnol

Rhagenwau sy'n **dibynnu** ar eiriau eraill ydi'r rhain. Dydyn nhw ddim yn gallu sefyll ar eu pennau eu hunain.

1 Ystyriwch y gair *fy* yn yr enghraifft hon: **fy** *nhŷ*.

2 Pe baem ni'n tynnu'r gair *tŷ* ymaith, ni fyddai ystyr i *fy* ar ei ben ei hun.

③ Felly mae *fy* yn **dibynnu** ar *tŷ*: y mae'n rhagenw **dibynnol**.

Sylwch ei fod yn digwydd **o flaen** y gair y mae'n dibynnu arno:
fy *nhŷ*. Y mae'n cael ei alw yn **rhagenw dibynnol, blaen**.

Rhagenwau dibynnol, blaen

	Unigol	Lluosog
Person Cyntaf	fy (f')	ein
Ail Berson	dy (d')	eich
Trydydd Person	ei	eu

enghreifftiau:

	Unigol	Lluosog
❶	fy mhen f'enaid f'annwyl Jac cefais fy ngweld	ein pentref cawsom ein collfarnu
❷	dy garej d'enw ni chefaist dy weld	eich tîm eich bws
❸	ei chwaer ei fam (am fachgen) ei mam (am ferch) ei enw (am fachgen) ei henw (am ferch) ei ben (am fachgen) ei phen (am ferch)	eu fferm eu gardd eu hafalau eu hesgidiau

! sylwer:

❶ Y mae'r rhagenw dibynnol blaen yn dynodi meddiant:
fy *llyfr*; **ei** *gyfrifiadur.*

❷ Y mae'r rhagenw dibynnol blaen yn gymorth i ddynodi
gwrthrych berf: *Rwyf fi'n* **ei** *weld.*

[Goddrych = *fi*, yr un sy'n gweld; Gwrthrych = *ei.*]

Byddai dweud: *Rwy'n gweld e*, yn **anghywir**.

❸ Yr unigol *ei* sydd o flaen y gair *cilydd*:

    ei *gilydd* ✔ **cywir**   **eu** *gilydd* ✘ **anghywir**

Ond fe ellir cael y ffurfiau lluosog hyn: ***ein** gilydd;* ***eich** gilydd.*
(Esboniad: Ystyr lythrennol *cilydd* ydi rhywun sy'n eich wynebu:
felly y mae'n unigol, ***ei**.* Ond, mewn gwirionedd, ni allwch gael
rhywun yn eich wynebu heb eich bod chi yno hefyd; hynny ydi,
rhaid cael dau – sydd yn lluosog – yno.)

❹ Yr hen ffurf ar *fy* oedd *fyn*, ac y mae olion yr hen ffurf hon
gyda ni o hyd:

    Y mae **fyn** *llyfr i ar goll* ➡ *Y mae'n llyfr i ar goll.*

Fe gollwyd rhan gyntaf yr hen ragenw *fyn* ➡ *'n.*

        Fyn *afal i* ➡ *'yn afal i.*
     Fyn *+ cap i* ➡ *'yng nghap i* ➡ *'y nghap i.*

Rhagenwau dibynnol, mewnol

1 Ystyriwch yr ymadrodd hwn: *i'm tŷ*.

2 Pe baem ni ddim yn **cywasgu** rhagenwau yn y Gymraeg, dyma fyddem ni'n ei ddweud: **i fy** *nhŷ*.

3 Felly, y mae *'m* yn gwneud yr un gwaith â *fy*: **y mae'n rhagenw.**

Ond yn lle dibynnu ar un gair, fel y rhagenw blaen, y mae hwn yn **dibynnu ar ddau air**, sef *i* sy'n dod **o'i flaen**, a *tŷ*, sy'n dod **ar ei ôl**. Y mae'r rhagenw **i mewn** rhwng y ddau air hyn; felly, y mae'n **rhagenw mewnol**.

i	a, â, gyda, o	ni
i'm	a'm	ni'm
i'th	a'th	ni'th
i'w	a'i	nis
i'n	a'n	ni'n
i'ch	a'ch	ni'ch
i'w	a'u	nis

enghreifftiau:

	Unigol	Lluosog
1	o'm cartref gyda'm cefnder daeth i'm gweld	o'n cof o'n blaen i'n brifo
2	o'th dŷ i'th gartref	dyma'ch bwrdd dyma'ch gôl
3	o'i dŷ (am fachgen) o'i thŷ (am ferch)	gyda'u mam i'w hysgol

!sylwer:

1 Ar lafar, ac mewn ysgrifen bellach, y mae'n arferol i wneud hyn:

(a) rhoi'r treiglad sy'n dod gyda **rhagenw blaen** yn lle
defnyddio'r rhagenw mewnol gyda'r person cyntaf unigol:

	Llenyddol	**Llafar neu Ysgrifenedig**
Person Cyntaf Unigol:	o**'m** *cartref*	o *'nghartref* (= o **fy** *nghartref,* efo **fy** wedi ei ollwng)
	*daeth i***'m** *gweld*	*daeth i 'ngweld* (= *daeth i* **fy** *ngweld*)

(b) rhoi'r **rhagenw blaen** gyda'r ail berson unigol:

Ail Berson Unigol:	o**'th** *dŷ*	o **dy** *dŷ*
	*dos i***'th** *wely*	*dos i* **dy** *wely*

2 Y mae yna ffurf sydd bellach yn un ffurfiol iawn ar y trydydd
person unigol a lluosog, sef **–s**.

> Er ei fod yno, ni**s** gwelais.
> Y rhain yw'r gwŷr na**s** enwyd.

Os defnyddir y ffurf hon, yna does dim angen rhagenw arall
gyda hi. Byddai ysgrifennu:

> Er ei fod yno, ni**s** gwelais **ef**.

yn **anghywir**. Y mae'r **–s** yn cynnwys *ef*.

3 Y mae'r rhagenw dibynnol, mewnol yn gymorth i ddynodi
gwrthrych berf:

> Fe**'i** *[= fe + ei]* gwelais hi yn y siop.

[Goddrych = **fi** = Person cyntaf unigol y ferf *gwelais*;
gwrthrych = **ei, hi**]

4 Y mae'n rhaid wrth y **rhagenw dibynnol, mewnol**

(**1** isod, **2** = rhagenw arall) mewn sefyllfaoedd lle y mae rhywun yn cyfeirio'n ôl ato'i hun (y term am hyn yw sefyllfa **atblygol**):

*Yn fy mreuddwyd fe'm gwelwn **fy** hun yn cwympo i'r tywyllwch.*
                1   2

nid   *Yn fy mreuddwyd fe welwn fy hun yn cwympo...*

             *Aeth yno ar **ei** ben **ei** hun.*
                      1   2

nid   *Aeth yno ar ben ei hun.*

Rhagenwau dibynnol, ôl

1 Ystyriwch yr ymadrodd hwn: **fy** *nhŷ* **i**.

2 Y mae gennym *fy* (sef rhagenw dibynnol, blaen - yn dibynnu ar *tŷ*). Ond y mae gennym ni ragenw arall yma hefyd, sef *i*.

3 Dydi'r rhagenw *i* hwn ddim yn gallu sefyll ar ei ben ei hun, felly y mae'n **ddibynnol**. **Dibynnu** y mae ar y rhagenw blaen, *fy*, a'r gair, *tŷ*. Y mae'n dod **ar ôl** y ddau air hyn. Y mae, felly, yn **rhagenw dibynnol, ôl**.

Dyma ffurfiau'r rhagenw hwn:

	Unigol	Lluosog
Person Cyntaf	i, fi	ni
Ail Berson	di, ti	chi (chwi)
Trydydd Person	fe/fo, ef, hi	nhw
		hwynt (Anaml y defnyddir hwn heddiw)

Fel y gwelsom yn barod, y mae rhai rhagenwau'n **annibynnol**, a rhai'n **ddibynnol**. Y mae'r rhain yn **ddibynnol**, ac yn dod **ar ôl** y geiriau y maen' nhw'n dibynnu arnyn nhw.

Y maen' nhw'n **rhagenwau dibynnol, ôl**.

Beth ydi prif bwrpas y **rhagenw dibynnol, ôl**?

Y mae'n **ategu** neu **gryfhau**'r hyn sy'n dod o'i flaen.

! sylwer:

Defnyddir llawer iawn ar y rhagenwau ôl wrth siarad.

enghreifftiau:

Dywedir:

Dowch draw acw i'n tŷ **ni**.
Lle mae 'nghap **i**?

ac nid

Dowch draw acw i'n tŷ.
Lle mae 'nghap?

Y mae'n werth i bawb sy'n ysgrifennu sgwrs neu ddrama gofio hyn. Ond dydi'r rhagenwau ôl ddim yn digwydd yn ddi-ffael:

Wyt ti wedi colli dy got?

a ddywedir, ac nid:

Wyt ti wedi colli dy got **di**?

Rhagenwau cysylltiol

	Unigol	Lluosog
Person Cyntaf	finnau, innau, minnau	ninnau
Ail Berson	tithau	chwithau
Trydydd Person	yntau, hithau	hwythau

Ni ddefnyddir y rhagenwau hyn ar eu pennau eu hunain.
Er enghraifft, petai rhywun yn gofyn *'Pwy wnaeth hyn?'* ni ellid ateb trwy ddweud, *'Finnau'*. **Rhaid i'r rhagenwau hyn fod yn gysylltiedig â phersonau, enwau, neu ragenwau eraill:** dyna pam y gelwir nhw'n **rhagenwau cysylltiol**.

enghreifftiau:

> Jac: Fe fûm **i** yno.
> Wil: A **finnau**.

Am fod Jac wedi sôn amdano'i hun gan ddefnyddio'r rhagenw person cyntaf, **i,** y mae Wil yn gallu defnyddio *finnau.*

Yma y mae *finnau* **wedi ei gysylltu wrth** yr *i.*

Fe welwch mai rhywbeth tebyg i *A finnau <u>hefyd</u>* ydi ystyr ateb Wil. Nodi'r pwyslais sydd yn y gair *hefyd* ydi'r rhan bwysicaf o waith y rhagenwau cysylltiol.

> Nel: Wyt ti'n mynd yno, Mari?
> Mari: Ydw.
> Nel: A **thithau/chdithau**, Jên?
> Jên: Ydw.

Fe welwch mai: *A **thithau**, <u>hefyd</u>, Jên?* a olygir gan *A **thithau** Jên?* Y mae'r *tithau* hwn **yn gysylltiedig** â'r *ti* a aeth o'i flaen.

Y mae elfen o **bwyslais gwrthgyferbyniol** hefyd yn y rhagenwau cysylltiol hyn.

> Aeth ef adref, ac euthum/es **innau** i'r dref.

Nodir pa weithred a wnaeth *ef,* yna pwysleisir mai gweithred **wahanol** a wnaeth yr *innau.*

Fe all *innau* yma olygu rhywbeth tebyg i: *o'm rhan i*, neu *fi, ar y llaw arall*, gan bwysleisio elfen o wahaniaeth mewn gweithred.

> Mi wnaethon **nhw** nofio i lan bella'r afon,
> a **chwithau** at y cwch yn y canol.

Fe wnaeth y *nhw* un peth.
Fe wnaeth y *chwithau* rywbeth gwahanol.

> Hwn ydi fy llyfr **i**, a hwn'na ydi dy lyfr **dithau**.

Fe wneir y gwahaniaeth rhwng meddiant y ddau lyfr yn amlwg.

enghreifftiau:

A. *Dowch acw i swper nos Iau* **eich** *dau.*

B. *Ble mae'ch tŷ* **chi** ?

A. *Mae'n tŷ* **ni** *wrth ymyl y ffordd sy'n mynd o'r dre.*

B. *Yn fan'no'r ydych* **chwithau'***n byw hefyd?*

A. *Pwy arall yr ydych* **chi'***n* **eu** *'nabod yno?*

B. *Ifan a Marian Lewis.*

A. *Ie wir! Maen'* **nhw'***n byw wrth* **ein** *hymyl* **ni**.

B. *Mi allwn* **ni** *gael hyd i'r ffordd acw'n hawdd felly am* **ein** *bod* **ni'***n gwybod ble mae* **eu** *tŷ* **nhw.**

Rhagenwau perthynol

Ystyriwch y ddwy frawddeg hyn:

Dyma John. Achubodd John yr eneth o'r afon.

Go ddiflas fyddai gorfod enwi 'John' fel hyn o hyd. I osgoi hynny fe allwn ni uno'r ddwy frawddeg, gwneud iddyn nhw **berthyn** yn nes i'w gilydd, fel hyn:

*Dyma John **a** achubodd yr eneth o'r afon.*

❶ Fe welwn fod yr *a* **yn gwneud yn lle enw,** yn lle *John*: y mae'n **rhagenw**.

❷ Fe welwn ni, hefyd, fod yr *a* **yn perthyn** i'r enw *John* ac yn cyfeirio'n ôl ato.

Y mae'r *a* yn **rhagenw perthynol**.

❸ Gan fod yr enw *John* yn dod **o flaen** y rhagenw perthynol *a*, ac yn cyfeirio'n ôl ato, gallwn ddweud fod *John* yn **rhagflaenydd** (yr un sy'n dod o flaen) y rhagenw perthynol. Gallwn nodi hynny fel hyn:

*Dyma John **a** achubodd yr eneth o'r afon.*

> *Hwn ydi'r dyn* **a** *saethodd y tarw.*

(*dyn* ydi'r rhagflaenydd yma)

> *Joni* **a** *losgodd ei drwyn yn fflam y gannwyll.*

(*Joni* ydi'r rhagflaenydd yma, a goddrych y ferf)

> *Dyma'r dyn* **a** *welais i.*

(*dyn* ydi'r rhagflaenydd yma, a gwrthrych y ferf)

❗ sylwer:

Y mae'n beth doeth cadw'r rhagenw perthynol cyn agosed ag sydd bosibl at ei ragflaenydd.

❗ sylwer eto:

Mewn brawddeg ac ynddi ddarn - neu **gymal** - sy'n dechrau gyda'r rhagenw perthynol *a* (sydd yn oddrych, Adran 30), yna y mae'r **ferf** sydd yn y cymal hwnnw (sy'n cael ei alw yn gymal perthynol) yn y **trydydd person unigol** beth bynnag fo rhif a pherson y rhagflaenydd (Adrannau 16 - 22).

enghreifftiau:

Dyma un o linellau'r casgliad o hen awdlau a elwir yn *Y Gododdin.*

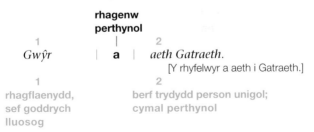

	rhagenw perthynol	
1	|	2
Gwŷr	**a**	*aeth Gatraeth.*
		[Y rhyfelwyr a aeth i Gatraeth.]

1	2
rhagflaenydd, sef goddrych lluosog	berf trydydd person unigol; cymal perthynol

Ac **nid**: *Gwŷr / a aethant Gatraeth.*

	rhagenw	
	perthynol	
1		2
Dyma enwau'r bechgyn	**a**	*syrthiodd yn y Rhyfel Mawr.*
1		2
rhagflaenydd, sef		berf trydydd person unigol;
goddrych lluosog		cymal perthynol

Byddai dweud:

Dyma enwau'r bechgyn **a syrthiasant** *yn y Rhyfel Mawr.*

yn groes i'r arfer yn y Gymraeg.

| **Ni** *a* **welodd** *y lleidr.* | ✔ **cywir** |
| **Ni** *a* **welsom** *y lleidr.* | ✘ **anghywir** |

(Ond yn yr hen gyfieithiad o'r Beibl [1588, 1630] fe geir y patrwm hwn, sy'n groes i'r un arferol yn y Gymraeg:

Ac **ni** *a* **welsom** *ei ogoniant ef.*

[Ioan 1.14]

Y **bobl** *a* **rodiasant** *mewn tywyllwch, a welsant oleuni mawr.*

[Eseia 9.2])

Y mae rhagenw perthynol arall yn y Gymraeg, sef:

y	o flaen cytsain
yr	o flaen llafariad
'r	rhwng dwy lafariad ar lafar

Defnyddir y gwahanol ffurfiau hyn **pan ddilynir y rhagenw perthynol** gan ferf ac yna gan **ragenw personol,** neu gan ferf ac yna gan **arddodiad personol** (Adran 24). Bydd y rhain **yn cyfeirio'n ôl** at y rhagenw perthynol.

enghreifftiau:

	1	2		3	
(a)	*Dyna'r dyn*	**y**	*gwelais*	**ei**	*gar yn yr afon.*

1	2	3
rhagflaenydd	rhagenw perthynol + berf; cymal perthynol	rhagenw personol

nid *Dyna'r dyn a welais ei gar yn yr afon.*

	1	2		3
(b)	*Hwn yw'r car*	**yr**	*eisteddodd yr eliffant*	**arno**.

1	2	3
rhagflaenydd	rhagenw perthynol + berf + goddrych; cymal perthynol	arddodiad personol

nid *Hwn yw'r car a eisteddodd yr eliffant arno.*

	1	2		3	
(c)	*Ti yw'r dyn*	**y**	*gwelais*	**dy**	*frawd yn y ddinas.*

1	2	3
rhagflaenydd	rhagenw perthynol + berf; cymal perthynol	rhagenw personol

nid *Ti yw'r dyn a welais dy frawd yn y ddinas.*

	1	2		3	
(ch)	*Gwelais olion y lafa*	**'r**	*aeth ef*	**drwyddo**	*ar y mynydd tân.*

1	2	3
rhagflaenydd	rhagenw perthynol + berf; cymal perthynol	arddodiad personol

nid *Gwelir olion y lafa a aeth ef drwyddo ar y mynydd tân.*

! sylwer:

Y mae'r berfau **sydd** a **piau** yn cynnwys ffurfiau perthynol.

Oherwydd hyn does dim eisiau dweud:

> *a sydd* ✗ **anghywir**
> *a biau* ✗ **anghywir**

enghreifftiau:

Hwn ydi'r dyn **sydd** yn dwyn tatws o 'ngardd i byth a hefyd.
|
ffurf berthynol y ferf **bod**
cymal perthynol

Nid Elwyn **biau**'r cwpan a dorrwyd.
|
ffurf berthynol **piau**
cymal perthynol

Ffurfiau negyddol y rhagenw perthynol

> **na** + Cytsain ac *h*
> **nad** + Llafariad

enghreifftiau:

(a) Dyma lyfr **na** chlywais i amdano erioed o'r blaen.
|
rhagenw perthynol negyddol;
cymal perthynol

(b) Mae'r esgid fach yn gwasgu
Mewn man **na** wyddoch chwi.
|
rhagenw perthynol negyddol;
cymal perthynol

(c) Dyma ichi gawr o ddyn, **nad** aeth crib trwy ei wallt ers dyddiau.
|
rhagenw perthynol negyddol;
cymal perthynol

Gellir cael berf luosog yn dilyn *na/nad* os yw'r rhagenwau'n cyfeirio at ragflaenydd lluosog:

> *Dyma'r llyfrau* **na** *chawsant eu llosgi yn y tân.*

Dydi'r ffurfiau *na/nad sydd* ddim i'w cymeradwyo mewn ysgrifennu ffurfiol: *nad yw* neu *nad ydi/ydy* neu *nad ydynt* (*nad ydyn nhw*) sy'n gymeradwy.

Ni chymeradwyir y ffurf *mai nid* mewn ysgrifennu ffurfiol; dylid defnyddio'r ffurf *nad*:

> *Dywedodd* **mai nid** *hi oedd wedi malu'r ffenestr.* ✔ **anghywir**
>
> *Dywedodd* **nad** *hi oedd wedi malu'r ffenestr.* ✘ **cywir**

Ansoddeiriau dangosol

Er mwyn esbonio'r gwahaniaeth rhwng **rhagenw dangosol** ac **ansoddair dangosol** ystyriwch y ddwy enghraifft hyn:

(a)   **Hwn** ydi'r dyn.

(b)   Y dyn **hwn**.

Yn (a), y mae *hwn* yn sefyll **yn lle enw** (Jac, Idris, Siôn); y mae'n **rhagenw**.

Yn (b), ychwanegu at ein gwybodaeth am *y dyn* a wneir: mae *dyn* yn enw, a **diffinio ansawdd** enw a wna *hwn:* y mae'n **ansoddair**.

Fformiwla at adnabod ansoddair dangosol:

Y mae'n dod un ai'n union ar ôl yr enw (fel yn *y dyn* **hwn**) neu ferfenw (fel yn *y canu* **hwn**), neu y mae o fewn cyrraedd un neu fwy o ansoddeiriau i'r enw, fel hyn:

y dyn tal **hwn**
(y mae **hwn** o fewn un ansoddair i'r enw, *dyn*)
y ferch dlos, ac *annwyl* **hon**
(y mae **hon** o fewn cyrraedd dau ansoddair i'r enw, *merch*)

Y mae llawer o ffurfiau'r **ansoddair dangosol** yr un fath â rhai'r **rhagenw dangosol** (Adran 14).

Unigol Gwrywaidd	Benywaidd	Lluosog Gwrywaidd a Benywaidd
hwn	hon	hyn
hwnnw	honno	hynny
yma	yma	yma
yna	yna	yna
acw	acw	acw

❶ Defnyddir *hwn*, *hon*, *hyn*, *yma* gydag enwau wrth gyfeirio at wrthrychau sydd **o fewn golwg y llefarwr:**

Y pwll **hwn** ydi'r dyfnaf ar yr afon.

Dydi'r wraig **hon** erioed wedi bod mewn awyren.

Os mai'r dyn **yma** ydi'r gorau, mae'n rhaid bod y lleill yn anobeithiol.

❷ Defnyddir *yna* ac *acw* hefyd gydag enwau wrth gyfeirio at wrthrychau sydd **o fewn golwg y llefarwr**, ond y maent **yn bellach oddi wrtho** na'r ansoddeiriau (*hwn*, *hon*, *yma*) a nodir yn 1 uchod.

Y ddynes **yna** ydi'r un fwyaf cegog yn y pentre.

Dydi'r dyn **acw** erioed wedi gwneud diwrnod o waith.

❸ Defnyddir *hwnnw*, *honno*, *hynny* gydag enwau wrth gyfeirio at wrthrychau **nad ydyn nhw o fewn golwg** y llefarwr:

Wyt ti'n cofio'r dyn **hwnnw** a welsom ni ddoe?

Hogyn ysgol oeddwn i pan welais i'r ceffylau **hynny** yn y coed.

4 Y mae yna **ambell eithriad** lle defnyddir *hyn* gydag enw. Er enghraifft, fe geir *hyn* yn aml yn y gogledd gyda'r gair *ffordd*:

> Ffordd **hyn** yr aeth o.

Yn y de, hefyd, defnyddir *hyn* gydag enwau o bryd i'w gilydd, er enghraifft:

> Y dyn **hyn**.

Rhagenwau dangosol

Ymysg y rhagenwau hyn fe geir ffurfiau **gwrywaidd** a
benywaidd. Ond ceir rhai eraill hefyd, o fath arbennig, a elwir
yn **ddiryw** (heb fod yn wrywaidd na benywaidd).

Math 1

	Gwrywaidd	Benywaidd	Diryw
Unigol	hwn	hon	hyn
Lluosog	y rhai hyn → y rhain	y rhain hyn → y rhain	

Y mae'r rhagenwau *hwn* a *hon* (S. *this*) yn sefyll yn lle enw rhywun
neu rywbeth **sydd yn agos at y llefarwr, o fewn golwg iddo:**

> Mae **hwn** yn dŷ da.
> Mae **hon** yn dref ddymunol.

Y mae'r rhagenw *y rhain* (S. *these*) yn sefyll yn lle rhywrai neu
ryw bethau yn y lluosog **sydd yn agos at y llefarwr, o fewn
golwg iddo:**

> Dyma ichi lyfrau! Mae'**r rhain** i gyd wedi
> cael eu harwyddo gan eu hawduron.

Dydi'r rhagenw *hyn* (S. *this*) ddim yn sefyll yn lle enw, mewn
gwirionedd, gan nad oes enwau diryw yn y Gymraeg bellach.

Cynrychiola haniaeth (amgylchiad, digwyddiad, syniad etc.):

> Aeth y trên dros y dibyn. Digwyddodd
> **hyn** yn gynnar yn y bore.

Sefyll yn lle'r digwyddiad cyfan (*y trên yn mynd dros y dibyn*),
ac nid sefyll yn lle enw y mae **_hyn_** yn y fan yma.

Math 2

	Gwrywaidd	Benywaidd	Diryw
Unigol	hwnnw	honno	hynny
Lluosog	y rhai hynny	y rhain hyn	
	➡ y rheiny	➡ y rheiny	
	neu y rheini	**neu** y rheini	

Y mae **_hwnnw_** a **_honno_** (S. *that*) a *y rheini* (S. *those*) yn sefyll
yn lle enwau gwrthrychau **nad ydynt yn agos at y llefarwr, ac
nad ydynt o fewn golwg iddo:**

> **Hwnnw** ydi'r dyn gwaethaf y gwn i amdano.
> Welais i neb tebyg i **honno**.
> Doedd **y rheini** ddim yn ddynion da.

Dydi **_hynny_** (S. *that*) ddim yn sefyll yn lle enw. Cynrychioli haniaeth
(amgylchiad, digwyddiad, syniad etc.) y mae o:

> Cynigiodd ein bod yn mynd am baned,
> a chytunais innau â **hynny**.

Sefyll am syniad cyfan (*y cynnig ein bod yn mynd am baned*),
ac nid sefyll yn lle enw y mae **_hynny_** yma.

Ffurfiau 'anffurfiol'

	Gwrywaidd	Benywaidd	Diryw
Unigol	hwnyna ➡ hwn'na	honyna ➡ hon'na	hynyna ➡ hyn'na
Lluosog	y rhai yna ➡ y rhei'na	y rhai yna ➡ y rhei'na	

Defnyddir **hwn'na**, **hon'na** (S. *that*), **y rhei'na** (S. *those*) **am wrthrychau sydd yn weddol agos at y llefarwr, sydd o fewn golwg iddo.** Cyfeirio at wrthrychau y mae'r math hwn o ragenw:

> **Hwn'na** ydi'r dyn cryfaf yn y dref.
> **Hon'na** ddar'u ennill y ras.
> Mae'r **rhei'na**'n afalau da.

Cynrychiola **hyn'na** (S. *that*) haniaeth ac nid enw:

> Mae **hyn'na**'n gelwydd.

Y mae **hyn'na** yn cyfeirio at yr holl bethau a ddywedwyd oedd yn gelwydd.

	Gwrywaidd	Benywaidd
Unigol	hwnacw ➡ 'nacw	honacw ➡ 'nacw
Lluosog	y rhai acw ➡ y rhei'cw	y rhai acw ➡ y rhei'cw

Cyfeirio at wrthrychau **sydd rywfaint o bellter oddi wrth y llefarwr, ond o fewn golwg iddo** y mae'r math hwn o ragenw.

> **'Nacw** ydi'r ferch dlysaf yn yr ysgol.

(Y mae'r llefarwr yn cyfeirio at ferch y mae o fewn golwg iddi.)

Berfenwau

Enw ar **weithgarwch** o ryw fath ydi **berfenw**.

enghreifftiau:

1 Y mae'r ferch yn canu.

> **Cwestiwn:** Beth y mae'r ferch yn ei wneud?
> **Ateb:** Y mae yn *canu*.
>
> Y mae *canu* yn **ferfenw**.

2 Gwelais ddyn wrthi'n gweithio'n galed mewn cae.

> **Cwestiwn:** Beth yr oedd y dyn yn ei wneud?
> **Ateb:** Yr oedd yn *gweithio*.
>
> Y mae *gweithio* yn **ferfenw**.

! sylwer:

(a) Mae'r berfenw yn un gair yn y Gymraeg, ond yn ddau air yn y Saesneg.

enghreifftiau:

canu = S. *to sing*
byw = S. *to live*
marw = S. *to die*

Felly pan gewch chi *i* o flaen berfenw, y mae'n perthyn i'r rhan sydd o'i blaen hi, yn hytrach na'r berfenw:

Rydw i'n mynd *i* godi arian at achos da.

Y mae'r *i* yn perthyn i'r gair *mynd*. Felly mae'r frawddeg hon yn **gywir**. Ond pe baen ni'n ysgrifennu:

Yr amcan ydi *i* godi arian at achos da.   ✗ **anghywir**

Dydi'r *i* ddim yn perthyn i *ydi*. Felly y mae'r frawddeg hon yn **anghywir**.

Y ffurf **gywir** fyddai:

Yr amcan ydi codi arian at achos da.   ✔ **cywir**

(b) Gyda'r fannod o'i flaen y mae nodwedd yr **enw** yn y berfenw yn dod yn amlwg:

y canu; y cweryla; sŵn y malu.

(c) Y mae rhai berfau nad oes ganddyn nhw ferfenw, ac oherwydd hyn fe'u gelwir yn **ferfau diffygiol**.

i. Does gan y ferf *dylwn* ddim berfenw, a dim ond rhediad amser amherffaith a gorberffaith sydd ganddi. (Amserau'r ferf - gweler tudalen 76)

ii. Does gan y ferf *meddaf* ychwaith ddim berfenw, a dim ond rhediad amser presennol ac amherffaith.

iii. Y mae berfau eraill sy'n ddiffygiol am nad oes iddyn nhw rediadau llawn. Y rhai amlycaf ydi *byw* a *marw*. Rhaid defnyddio berfau cynorthwyol os ydym am sôn am amser a pherson y berfau hyn:

bu farw; yr oedd yn byw

Fel mewn achosion eraill lle ceir eithriadau, y mae yna reddf mewn pobl **i dynnu eithriadau i ddilyn y rheol**, ac fe glywn ni bethau fel:

Fywiodd o ddim yn hir ar ôl colli ei wraig.
Farwith hwn'na ddim tra bydd ganddo fo bres ar ôl.

Er bod datblygiad fel hyn yn ddatblygiad iach mewn iaith, dydi'r fath ffurfiau ddim i'w cymeradwyo mewn ysgrifennu ffurfiol, hyd yn hyn.

Berfau

Ystyriwch y geiriau hyn:

canu
cenais
cenir

Enw gweithgarwch yn unig ydi *canu*: **berfenw** ydyw.

Y mae *cenais* hefyd yn sôn am y gweithgarwch o *ganu* ond, yn ogystal, y mae'n dweud pethau eraill wrthym. Beth?

1 Y mae'n dweud wrthym **pa berson** sy'n canu, sef *fi*, y person cyntaf (*cenais i*).

2 Y mae'n dweud wrthym **am amser** y canu. **Pryd** y mae'r canu'n digwydd? Ar ryw amser a fu; yn **y gorffennol**.

Ond beth am *cenir*?
Does dim sôn am berson yma.

Does yna ddim cysylltiad rhwng *cenir* ac unrhyw **berson -** *fi, ti, ef, hi, ni, chi, nhw* - fel sydd rhwng *cenais* ac *i*.

Felly y mae'n ffurf **amhersonol.**

Ond y mae'r gair *cenir* yn dweud wrthym am **amser** y gweithgarwch. Y mae'r gweithgarwch yn bod yn awr, neu ar fin digwydd, sef: yn y **presennol** neu'r **dyfodol**.

enghreifftiau:

> **Cenir** y gân hon yma heddiw, fel pob Sul.
> Yr anthem genedlaethol a **genir** yma ar Sadwrn y gêm.

Oherwydd fod y gair *cenir* yn cyfeirio at **amser gweithgarwch**, y mae'n wahanol i'r berfenw.

Y mae'n ferf, ond **berf heb berson yn perthyn iddi** ydyw; y mae'n **ferf amhersonol**.

Gwelwn mai'r prif beth y mae berf Gymraeg yn ei wneud ydi dweud wrthym ni am **amser** gweithred.

Y mae'r rhan fwyaf o ffurfiau'r ferf hefyd yn dweud wrthym ni **pa berson** (cyntaf, ail, trydydd; unigol neu luosog) sy'n gwneud gweithred.

Berfau cryno, a berfau cwmpasog

Ystyriwch *cenais* eto. Dyma inni ferf un gair, dyna ffurf **gryno** y ferf. A phe baem ni'n dweud *Yr wyf wedi canu* fe fyddem yn dweud peth digon tebyg.

Ond yn yr ail enghraifft, yr hyn sy'n digwydd ydi fod y ferf *wyf* (sy'n perthyn i'r berfenw *bod*) yn dod gyda'r berfenw *canu*. Y mae *wyf* yn helpu, neu'n **cynorthwyo** *canu*.

Mewn geiriau eraill, lle defnyddir **nifer o eiriau** i ffurfio berf, gelwir hynny'n ffurf **gwmpasog** arni.

Enw arall am **cwmpasog** ydi **periffrastig**, sef *dweud yn gwmpasog* neu *y ffordd hir o gwmpas*.

Sylwch mai **nifer o eiriau efo'i gilydd sy'n gwneud berf gwmpasog.**

Dyma ffurfiau **cryno** rhai berfau, yn cael eu dilyn gan y **fformiwla** i greu berfau **cwmpasog** gan ddefnyddio ffurfiau ar *bod, gwneud, darfod*:

❶ Cryno

1. Canant hwy.
2. Ni nofia John.
3. Blinaswn.

Ffurf Bersonol ar 'bod'	+ Arddodiad	+ Berfenw
1. *[Y] maent [hwy]* neu *Maen' [nhw]*	*yn*	*canu.*
2. *[Nid] yw [John]* neu *[D] yw/Dydi [John ddim]*	*yn*	*nofio.*
3. *[Yr] oeddwn [i]* neu *['R]oeddwn [i]*	*wedi*	*blino.*

❷ Cryno

1. Mi ofynnaf am y plât.
2. Gloaist/Gloist ti ddrws y car?
3. Llosgodd ei fysedd.

Ffurf Bersonol ar 'gwneud'	+ Berfenw	
1. *[Mi] wna' [i]*	*ofyn*	*am y plât.*
2. *[A] wnaethost/wnest [ti]*	*gloi*	*drws y car?*
3. *[Fe] wnaeth [o]*	*losgi*	*ei fysedd.*

❸ Cryno

1. Fe welais long.

Ffurf Bersonol ar 'Darfod' (Treiglo i *Ddarfu* ➡ *Ddaru*) + **Berfenw**

1	2	3	4
1. Ddaru +	**arddodiad** *i* +	**goddrych** +	**berfenw**
[Fe]ddaru	*i*	*mi*	*weld llong.*

(Ar lafar fe ollyngir yr arddodiad *i* gan fynychaf. Ar lafar:

Fe ddaru mi weld llong.

Fe wnes i ydi'r ffurf arferol yn y de, ac nid *Fe ddaru mi.*)

 Ffurfiau cwmpasog y ferf a ddefnyddir gan amlaf (ond nid bob amser) wrth siarad. Y mae berf gryno'n gaffaeliad mawr wrth adrodd stori.

Amserau'r ferf

Y mae i'r ferf (Adran 16) wahanol **amserau**. Dyma nhw:

>**presennol a dyfodol**
>**gorffennol**
>**perffaith**
>**amherffaith** (amhenodol, yn ôl rhai)
>**gorberffaith**
>**perffaith-ddyfodol**

Fe nodir patrwm terfyniadau rheolaidd y gwahanol amserau isod, gan weithio gyda'r berfenw *prynu*.

❶ Presennol a dyfodol

Gallwch benderfynu ai **presennol** neu **ddyfodol** ydi ffurf y ferf wrth y ffordd y defnyddir hi. Dychmygwch eich bod yn dweud:

>Gwelaf di yn fan'na.

Yna amser presennol fyddai amser y ferf, os ydych yn **gwneud y weithred ar y pryd**. Ond fe allai fod yn amser **dyfodol:**

>Gwelaf di yfory.

Dychmygwch eich bod yn dweud peth fel:

>Mi **glywa'** i di'n canu yn y coed yna'n awr.

Y mae'n amlwg mai berf amser **presennol** ydi *clywaf* gan fod y weithred yn cael ei gwneud **ar y pryd**.

Petaech yn dweud:

> Gwyliaf bob ffilm sy'n cael ei dangos ar y teledu

yna byddai'r ferf yn cyfeirio at **arferiad**. Yr enw a roddir i ferf amser presennol sy'n cyfleu arferiad ydi **presennol arferiadol**.

Yn y ddwy enghraifft nesaf, amser **dyfodol** a gyflëir gan y berfau, ond y mae'r dyfodol hwnnw'n agos iawn:

> **Bryni** di hwn?
> Yn awr, mi **ganwn** ni 'Hen Wlad fy Nhadau'.

Yn y ddwy enghraifft nesaf, y mae hi'n amlwg mai cyfleu amser **dyfodol** a wna'r berfau:

> Mi **wela'** i di yfory, os bydd hi'n braf.
> Mi **brynaf** y llyfr pan fydd gen i arian.

Dyma ffurfiau'r ferf:

	Unigol	Lluosog
Person Cyntaf	pryn-af	pryn-wn
Ail Berson	pryn-i	pryn-wch
Trydydd Person	pryn- pryn-iff/pryn-ith	pryn-ant
Amhersonol	pryn-ir	

Presennol a dyfodol cwmpasog

Cofiwch fod yr amser **presennol** (a **dyfodol**) yn cael eu cyfleu gan **ferfau cwmpasog** yn ogystal â rhai cryno. **Yn wir, gyda berfau cwmpasog y bydd y rhan fwyaf ohonom ni'n cyfleu'r presennol gan amlaf.**

Dyma a olygir: dychmygwch eich bod ar daith, fe allech ddweud:

Af ar fy nhaith yn llawen ar hyn o bryd.

Dyna chi wedi cyfleu'r **presennol** trwy ferf **gryno**.

Ond gallech ddweud peth tebyg gyda berf **gwmpasog**, gan ddefnyddio berfau cynorthwyol. Dyma inni enghreifftiau o amser **presennol**:

Yr **wyf yn mynd** ar fy nhaith yn llawen ar hyn o bryd.

neu

Rydw i'n/**Rwy'n** mynd ar fy nhaith yn llawen ar hyn o bryd.

A dyma inni enghreifftiau o amser **dyfodol:**

Byddaf yn mynd yno yfory.
Mi **ei** yfory.

neu

Mi wnei di fynd yfory.

Bron na ellir dweud, bellach, fod y ffurfiau cryno'r ydym wedi bod yn eu trafod, yn amlach na heb, yn cyfleu amser dyfodol, a bod yn rhaid inni ddefnyddio'r ffurfiau cwmpasog i gyfleu'r presennol.

Y trydydd person unigol

! *sylwer:*

Dydi'r **terfyniad** *-iff* a'i ffurf *-ith* ddim wedi eu **hysgrifennu** gymaint â hynny. Does dim rheswm call am hyn; y maen' nhw'n hen ffurfiau, ac y maen' nhw'n rhan o iaith naturiol y rhan fwyaf ohonom ni:

Mi **sylweddolith** yn fuan mai fi oedd yn iawn.
Os **rhedith** hi fel hyn yn y ras mi **enillith** yn hawdd.

! sylwer:

Yn y **trydydd person unigol** hefyd y mae'r terfyniad **-a** yn un sy'n prysur ddatblygu, gan ddisodli amryw hen ffurfiau. Erbyn hyn, y mae rhai o'r rheini'n swnio'n chwithig iawn. Ond y mae'r terfyniad **-a** yn tueddu i wthio'i hun ar ferfau'n gyffredinol.

enghreifftiau:

Berfenw	Hen ffurf	Terfyniad *-a*
adrodd	edrydd	adrodda
ateb	etyb	ateba
cysgu	cwsg	cysga
dangos	dengys	dangosa
plygu	plyg	plyga
taro	tery	tarawa/trawa

❷ Amser gorffennol

Y mae'r amser hwn yn cael ei ddefnyddio i gyfleu **gweithgarwch mewn amser a fu,** gweithgarwch sydd wedi dod i ben, y mae'r weithred yn **orffenedig.**

Dyma ichi frawddeg sy'n cynnwys dwy ferf amser **gorffennol**:

Ddoe, **edrychodd** yn graff arnaf, yna **cerddodd** yn ei flaen.

Dyma ffurfiau rheolaidd y ferf yn yr amser hwn (y mae'r ffurfiau llai ffurfiol mewn cromfachau):

	Unigol	Lluosog
Person Cyntaf	pryn-**ais** (pryn-**es**)	pryn-**asom** (pryn**som**, pryn**om**)
Ail Berson	pryn-**aist** (pryn**est**)	pryn-**asoch** (pryn**soch**, pryn**och**)
Trydydd Person	pryn-**odd**	pryn-**asant** (pryn**son**, pryn**on**)
Amhersonol	pryn-**wyd**	

Ffurf ddiddorol ar y gorffennol yw defnyddio 'dyma' sydd yn cyfleu'r presennol yn gyffredinol, ond sy'n gallu cyflwyno ffurf 'gorffennol dramatig'. Wrth adrodd stori gellid bywiogi'r frawddeg hon trwy ddod â'r *presennol* sydd yn y gorffennol yn fyw fel hyn:

> *Ddoe,* **dyma fe'n/fo'n edrych** *yn graff arnaf,*
> *yna* **dyma fe'n/fo'n cerdded** *yn ei flaen.*

❸ Amser y gorffennol perffaith

Mae'r **amser gorffennol perffaith** yn y gorffennol ond yn agos at y presennol, neu'n cael ei weld o safbwynt y presennol.

Yn yr amser hwn:

(a) y mae'r gweithgarwch ar ben, yn orffenedig, y mae'n **berffaith, yn yr ystyr na ellir ei newid**.

(b) y mae ffurfiau **gorffennol perffaith** y ferf yn wahanol i ffurfiau'r amser gorffennol am eu bod nhw'n ffurfiau **cwmpasog,** a dyma eu rhediad:

Unigol	1 **y/yr**	2 + Ffurf Bresennol ar **bod**	3 + Arddodiad **wedi**	4 + Berfenw
Person Cyntaf	yr	wyf *(rwyf fi; rydw i)*	wedi	prynu
Ail berson	yr	wyt *(rwyt ti)*	wedi	prynu
Trydydd person	y	mae *(e/o/hi)*	wedi	prynu

Lluosog	1 y/yr	2 + Ffurf Bresennol ar **bod**	3 + Arddodiad **wedi**	4 + Berfenw
Person Cyntaf	yr	ydym *(rydym ni)*	wedi	prynu
Ail berson	yr	ydych *(rydych chi)*	wedi	prynu
Trydydd person	y	maent *(maen' nhw)*	wedi	prynu

Amhersonol   Yr ydys wedi prynu

Am yr amser **perffaith-ddyfodol** gweler tudalen 86.

❹ Amser amherffaith

Cyfleu amser a fu y mae'r amser hwn, ond y mae'r gweithgarwch:

A. yn ymestyn dros gyfnod o amser:

enghreifftiau:

> **Dringai'r** ffordd o waelod y cwm i ben y mynydd.

neu   **Yr oedd** y ffordd **yn dringo** o waelod y cwm i ben y mynydd.

> **Gweithiai** fy nhad ar fferm fawr yng Nghaerfyrddin ers talwm.

neu   **Yr oedd** fy nhad **yn gweithio** ar fferm fawr yng Nghaerfyrddin ers talwm.

B. yn arfer, neu'n weithgarwch a ddigwyddodd drosodd a throsodd mewn cyfnod a aeth heibio:

enghreifftiau:

> Ers talwm **deuai** ffair i'r pentref bob calan gaeaf a **heidiai** llawer o bobl yno.

neu
> Ers talwm **yr oedd** ffair **yn dod** i'r pentref bob calan gaeaf ac **yr oedd** llawer o bobl **yn heidio** yno.

neu
> Ers talwm **byddai** ffair **yn dod** i'r pentref bob calan gaeaf a **byddai** lawer o bobl **yn heidio** yno.

> Rygbi a **chwaraeem** yn ein hysgol ni pan oeddwn i'n blentyn.

neu
> Rygbi'r **oeddem** ni'n ei **chwarae** yn ein hysgol ni pan oeddwn i'n blentyn.

neu
> Rygbi y **byddem** ni'n ei **chwarae** yn ein hysgol ni pan oeddwn i'n blentyn.

Nid cyfleu gweithgarwch sydd wedi digwydd ac sydd wedi darfod a wneir. Y mae yna ryw **barhad** iddo, **parhad** yn y gorffennol. Hynny ydi, dydi'r weithred ddim yn digwydd un waith, dydi hi ddim yn un weithred gyflawn neu 'berffaith' ynddi ei hun. Gelwir y gweithgarwch yn **amherffaith.**

Dyma ffurfiau cryno'r amser hwn:

	Unigol	Lluosog
Person Cyntaf	pryn-wn	pryn-em (prynen)
Ail Berson	pryn-it/-et	pryn-ech
Trydydd Person	pryn-ai	pryn-ent (prynen)
Amhersonol	pryn-id	

Y mae i'r amser hwn ddau rediad **cwmpasog** o'r ferf, dau rediad am fod i **bod** ddau rediad amherffaith (gweler isod).

Unigol	1 **y/yr**	2 +Ffurf Amherffaith ar **bod**	3 + yn	4 Berfenw
Person Cyntaf	yr	oeddwn *(roeddwn)*	yn	prynu
Ail berson	yr	oeddit/ oeddet *(roeddit/-et)*	yn	prynu
Trydydd person	yr	oedd *(roedd)*	yn	prynu

Lluosog				
Person Cyntaf	yr	oeddem *(roeddem)*	yn	prynu
Ail berson	yr	oeddech *(roeddech)*	yn	prynu
Trydydd person	yr	oeddent/ oeddynt/ *(roeddent)*	yn	prynu

Amhersonol Yr oeddid yn prynu

! *sylwer:* Gellir defnyddio'r rhain i gyfleu **A neu B** uchod.

Unigol	1 Ffurf Amherffaith ar **bod**	2 + yn	3 + Berfenw
Person Cyntaf	byddwn	yn	prynu
Ail berson	byddit/byddet	yn	prynu
Trydydd person	byddai	yn	prynu

Lluosog			
Person Cyntaf	byddem *(bydden)*	yn	prynu
Ail berson	byddech	yn	prynu
Trydydd person	byddent *(bydden)*	yn	prynu

Amhersonol Byddid yn prynu

! sylwer: I gyfleu **B** uchod y defnyddir y rhain amlaf.

❺ Amser gorberffaith

Y mae llai a llai o ddefnydd ar ffurf gryno'r amser hwn, erbyn hyn.
Y mae'r amser hwn **ymhellach yn ôl yn y gorffennol na'r un amser arall**, y mae ymhellach yn ôl na'r gorffennol, y gorffennol perffaith a'r amherffaith.

enghreifftiau:

Cysgais yn drymach nag y **cysgaswn** erioed o'r blaen.

cysgais	- gorffennol, un cam yn ôl
cysgaswn	- gorberffaith yn cyfeirio at amser cyn y gorffennol, dau gam yn ôl.

Yr wyf wedi cloi'r drws nas **cloesid** ers ugain mlynedd cyn hyn.

yr wyf wedi cloi - perffaith, un cam yn ôl.

cloesid - gorberffaith yn cyfeirio at amser cyn y perffaith, dau gam yn ôl.

Safai'r castell yn gadarn fel y **safasai** ers cenedlaethau.

safai - amherffaith, gweithred dros hyd o amser sydd wedi mynd heibio.

safasai - gorberffaith, yn cyfeirio at amser ymhellach yn ôl na'r amser hwnnw.

Dyma ffurfiau'r ferf.

	Unigol	**Lluosog**
Person Cyntaf	pryn-aswn	pryn-asem
Ail Berson	pryn-asit, -aset	pryn-asech
Trydydd Person	pryn-asai	pryn-asent (prynen)
Amhersonol	pryn-asid	

Y mae i'r amser hwn ei **ffurfiau cwmpasog** hefyd. Dyma eu rhediad:

	1 **y/yr**	2 + Amser Amherffaith ar **bod**	3 wedi	4 Berfenw
Unigol				
Person Cyntaf	yr	oeddwn *(roeddwn)*	wedi	prynu
Ail berson	yr	oeddit/ oeddet *(roeddet)*	wedi	prynu
Trydydd person	yr	oedd *(roedd)*	wedi	prynu

Lluosog				
Person Cyntaf	yr	oeddem *(roeddem)*	wedi	prynu
Ail berson	yr	oeddech *(roeddech)*	wedi	prynu
Trydydd person	yr	oeddynt/ oeddent/ *(roeddent)*	wedi	prynu

Amhersonol   Yr oeddid wedi prynu

❻ Perffaith-ddyfodol

Y mae'r amser hwn yn cyfeirio at weithred a fydd wedi digwydd ryw ben yn y dyfodol.

enghraifft:

> **Bydd** y wraig **wedi mynd** erbyn i chi gyrraedd yno.

Y mae'r 'chi' yn mynd i gyflawni gweithred yn y dyfodol, ond erbyn i'r amser hwnnw ddod, bydd gweithred 'y wraig' **wedi** digwydd.

Patrwm arferol yr amser hwn ydi amser **dyfodol 'bod' + wedi + berfenw.**

Amser dyfodol 'bod'

	Unigol	Lluosog
Person Cyntaf	bydd-af	bydd-wn
Ail Berson	bydd-i	bydd-wch
Trydydd Person	bydd	bydd-ant
Amhersonol	bydd-ir	

enghreifftiau:

> **Byddaf wedi mynd** cyn i ti gyrraedd.
> **Bydd** y gêm **wedi gorffen**, os na frysiwch chi.

Moddau'r ferf

Yn ogystal ag **amserau**, y mae i'r ferf Gymraeg **dri modd** (neu gategori). Y mae eu henwau'n eu hesbonio.

❶ Y modd mynegol

Mynegi, neu ddweud fel ffaith (yn hytrach na gorchymyn neu ddymuno) y mae'r modd hwn.

enghreifftiau:

      Canaf yn y bore.

      Af i weld a ydi'r claf yn well.

      Mi **ddawnsiais** am bedair awr.

      Gwyddwn mai dyn drwg **oedd** e/o.

Hwn ydi'r **modd** mwyaf cyffredin o ddigon. Y mae i'r modd hwn wahanol **amserau** (Adran 17).

! sylwer:

Os ac **a**

Y mae'n arfer bellach i gymysgu rhwng *os* ac *a* (geiryn gofynnol):

    Os daliaf fi chi yn yr ardd yma eto, mi rof gweir iawn ichi.

Yma, y mae *os* yn dynodi **amod.**

    Wn i ddim **os** byddaf fi yno heno.

Does **dim amod** yma, ac fe ddylid ysgrifennu:

> Wn i ddim **a** fyddaf fi yno heno.

Wrth ddefnyddio *os* gofynnwch: A allaf fi newid yr *os* a'r hyn sy'n dilyn yn gwestiwn: os gallwch chi, yna dylid defnyddio *a*:

> Wn i ddim **os** byddaf fi yno heno.

Wn i ddim beth?

> **A** fyddaf fi yno heno?
>
> ➡ *a* ac nid *os* sy'n gywir.
>
> Mi alwaf heno, **os** bydd hi'n braf.

Os trowch chi'r ail gymal yn gwestiwn, dydi o ddim yn ystyrlon:

> **A** fydd hi'n braf?

Yr hyn a gewch chi fydd:

> Mi alwaf heno, a fydd hi'n braf.

Felly, *os* ac nid *a* sy'n gywir yma.

❷ Y modd dibynnol

Y mae'r gweithgarwch y mae'r modd hwn yn cyfeirio ato'n **dibynnu** ar amgylchiadau.

Fe geir y modd hwn yn yr ymadrodd cyffredin:

> Pe **bawn** i'n gyfoethog, fe **awn** i fyw i Ffrainc.
> Da **boch** chi. (= S. *May you be well.*)

Mynegi dymuniad a wneir yn y dywediadau hyn, ond dymuniad ydyw a fydd yn **dibynnu** ar amgylchiadau'r dyfodol. Y mae ansicrwydd, diffyg gwybodaeth bendant, neu bosibilrwydd ynglŷn â'r modd berfol hwn.

> Pe **bai** gen i fan, fe **gariwn** y fasged drom yna ichi.

Yma, y mae'r cysylltair *pe* (Adran 25) yn dod o flaen ffurf amherffaith dibynnol ar *bod,* ac yn cael ei dilyn gan ffurf amherffaith dibynnol y berfenw *cario.* Y mae yna berson yn mynegi dymuniad i wneud rhywbeth **na fydd yn debygol** o'i wneud.

! sylwer:

(a) Yn arferol, y mae defnyddio *pe* yn golygu **nad** yw hi'n debyg y bydd gweithred yn digwydd.

> **Pe bawn** yn mynd i'r dref, mi **ddown** â'r llyfr iti.

(Y mae'r ferf gyntaf *bawn* yn y modd dibynnol am nad oes sicrwydd yr *af* i'r dref, ac y mae'r ail ferf *down* yn y modd dibynnol hefyd. Y mae'r gweithredu'n **dibynnu** ar amgylchiadau.)

Ond ar lafar gellid dweud hyn hefyd:

> **Pe bawn** yn mynd i'r dref, mi **ddof** â'r llyfr iti.

(Y mae'r ferf gyntaf *bawn* yn y modd dibynnol am nad oes sicrwydd yr *af* i'r dref; ond pe *bawn* yn digwydd cyrraedd yno, yna – yn sicr – fe *ddof*, modd mynegol, â'r llyfr iti.)

(b) Yn arferol, y mae defnyddio'r cysylltair *os* yn cyfleu mwy o debygrwydd y gall rhywbeth ddigwydd, ond bod yna **amod**:

> **Os af** i'r dref, mi **ddof** â'r llyfr iti.

(Y mae'r ddwy ferf yn y modd mynegol. O gyflawni'r amod – *mynd i'r dref* – y mae yna sicrwydd y bydd y weithred yn digwydd.)

Erbyn heddiw, anaml y defnyddir modd dibynnol y ferf.
Fe'i defnyddir fel arfer ar ôl **pe**:

Pe bawn   ➡   *petawn*

Pe baech   ➡   *petaech*

Pe baen(t)   ➡   *petaen(t)*

Fe'i ceir, hefyd, mewn **hen ddywediadau:**

Doed a **ddelo**.

Pell y **bon'** [byddon'] nhw.

(Gweler y drafodaeth ar Amserau'r ferf yn y modd dibynnol, Adran 19)

❸ Y modd gorchmynnol

Defnyddir y modd hwn **wrth roi gorchymyn:**

Rho'r bensel yna i mi.

Dos i nôl y llyfr acw i mi.

Prynwch y cwningod i gyd.

Peidied neb â symud.

Amserau'r modd dibynnol

(Gweler hefyd y drafodaeth ar y modd dibynnol, Adran 18)

Ychydig ddefnydd a wneir o'r presennol dibynnol y dyddiau hyn. Defnyddir ffurfiau'r presennol mynegol yn eu lle, fel rheol.

Ffurfiau amser presennol y modd hwn yn unig sy'n wahanol i ffurfiau'r modd mynegol.

Presennol dibynnol

	Unigol	Lluosog
Person Cyntaf	pryn-wyf	pryn-om
Ail Berson	pryn-ech	pryn-och
Trydydd Person	pryn-o	pryn-ont
Amhersonol	pryn-er	

enghreifftiau:

Pan **fwyf** yn hen a pharchus.

Pan **fo'r** awel yn dyner y bydd hwyl ar bysgota gyda phluen.

Pan **fônt** i gyd wedi mynd adref bydd y tawelwch yn hyfryd.

! sylwer:

Ffurfiau trydydd person presennol dibynnol y ferf **bod** (gweler isod) a ddefnyddir fel arfer.

Amherffaith dibynnol

Defnyddir yr amser a'r modd hwn o'r ferf i gyfieithu'r Saesneg:

would - ffurf ferfol
could - ffurf ferfol
should - ffurf ferfol
might - ffurf ferfol
if ... were

enghreifftiau:

Prynwn y llyfr pe bai gennyf arian.   (Ffurf gryno)
Byddwn yn prynu'r llyfr pe bai gennyf arian. (Ffurf gwmpasog)
*(**I would buy** the book if I had the money.)*

Gofynnais i'm brawd a **allai** fynd yn fy lle. (Ffurf gryno)
Gofynnais i'm brawd a **fyddai'n gallu** mynd yn fy lle.
(Ffurf gwmpasog)
*(I asked my brother whether **he could** go instead of me.)*

Gorberffaith dibynnol

Defnyddir yr amser a'r modd hwn o'r ferf i gyfieithu'r Saesneg:

would have + ffurf ferfol
could have + ffurf ferfol
should have + ffurf ferfol

enghreifftiau:

Nofiaswn i'r ynys pe bai'r llanw ar drai. (Ffurf gryno)
Byddwn wedi nofio i'r ynys be bai'r llanw ar drai.
(Ffurf gwmpasog)
*(**I would have swum** to the island if the tide had been out.)*

Mi **allaswn** fod **wedi mynd** yno ddoe. (Ffurf gryno)

Mi **fyddwn wedi gallu mynd** yno ddoe. (Ffurf gwmpasog)

*(I **could** have gone there yesterday.)*

Y mae llawer yn defnyddio'r gorberffaith dibynnol yn lle'r amherffaith dibynnol, fel hyn:

A **fuasech** chi cystal â dod acw?　　(gorberffaith dibynnol)

*(**Would you have been** so kind as to come to see us?)*

A **fyddech** chi cystal â dod i'n gweld?　(amherffaith dibynnol)

*(**Would you be** so kind as to come to see us?)*

Gellir defnyddio ffurfiau'r amherffaith a'r gorberffaith dibynnol o'r berfau *gallwn* (berfenw *gallu*) a *dylwn* (dim berfenw bellach) i gyfleu rhai o'r ystyron uchod:

Mi **allwn fod wedi nofio** i'r ynys pe bai'r llanw ar drai.

*(**I could have swum** to the island if the tide had been out.)*

Mi **allaswn fod wedi nofio** i'r ynys pe bai'r llanw ar drai.

(Yn llythrennol: ***I could have had swum** to the island if the tide had been out.*)

Stad weithredol, a stad oddefol y ferf

Ystyriwch y ddwy frawddeg hyn:

(a) **Cariodd** y bachgen garreg drom.
(b) **Cariwyd** y bachgen i'r ysbyty mewn ambiwlans.

Yn (a), *y bachgen*, sef goddrych y frawddeg (Adran 30), sy'n gwneud y weithred o *gario*. Am hynny dywedir bod *cariodd* yn **stad weithredol** ar y ferf. Y mae berf sydd mewn stad felly yn un **sy'n nodi'r hyn y mae'r goddrych yn ei weithredu, neu ei wneud**.

Yn (b) nid *y bachgen* sy'n gwneud y weithred o gario: *cael ei gario* y mae o. Fe elwir gweithgarwch sy'n **cael ei wneud i rywun neu rywbeth** yn weithgarwch **goddefol**: **goddef** gwneuthur y weithred iddo a wna'r bachgen, nid ei gwneud hi ei hun. Am hynny dywedir bod berf o'r fath - fel *cariwyd* - mewn **stad oddefol**.

Y mae nifer o ffyrdd o gyfleu'r stad oddefol yma:

❶ Gellir defnyddio berf amhersonol, er enghraifft:

> **Ganed** ef yn Ffrainc.
> (**Cael ei eni** a wnaeth yr *ef*.)

> **Codir** toll am fynd dros Bont Hafren.
> (**Cael ei chodi** y mae'r *doll*.)

2 Gellir yn aml ddefnyddio'r patrwm hwn:

1	2	3
Ffurf ferfol ar *cael* +	**rhagenw** +	**berfenw**
Un ai ffurf gryno [e.e., *caf*]	**blaen**	
neu ffurf gwmpasog		
[e.e., *yr wyf yn cael*]		

Cafodd	ei	**eni**	yn Ffrainc.
Y **mae** toll **yn cael**	ei	**chodi**	am fynd yno.

3 Pan fo'r ferf yn yr amser perffaith, gorberffaith, neu berffaith-ddyfodol (Amserau'r ferf, Adran 17), gellir defnyddio'r patrwm cystrawennol hwn:

1	2	3	4
Ffurf ferfol +	**wedi** +	**rhagenw** +	**berfenw**
ar *bod*		**blaen**	

Y **mae** *ef*	*wedi*	*ei*		*garcharu yn Ffrainc.*
				(amser gorffennol perffaith)
Yr **oedd** *ef*	*wedi*	*ei*		*garcharu yn Ffrainc.*
				(amser gorberffaith)

Bydd *ef wedi ei garcharu yn Ffrainc erbyn hynny.*
                                                    (amser perffaith-ddyfodol)

4 Gellir defnyddio'r patrwm cystrawennol hwn hefyd:

1	2	3	4
Ffurf ferfol +	**i** +	**rhagenw** +	**berfenw**
ar *bod*		**mewnol**	

Yr **oedd** *toll*	*i*	*'w*	*thalu am fynd dros y bont.*
Y **mae** *toll*	*i*	*'w*	*thalu am fynd dros y bont.*

5 Weithiau, gellir gwneud y berfenw yn wrthrych berf bersonol (goddrych a gwrthrych, Adran 30), er enghraifft:

> Cofiaf ei **eni** yn Ffrainc.
> [**Cofiaf** = berf bersonol; **geni** = berfenw]

! sylwer:

Wrth gyfleu stad oddefol, rhaid bod yn ofalus wrth drafod y rhagenw perthynol. Dydi brawddeg fel hon ddim yn gywir:

> Mae'n debyg y cafodd Ellis Wynne ei addysg yn Rhydychen.

Mewn gwirionedd, dydi'r *y* ddim yn rhagenw yma; dydi hi ddim yn sefyll yn lle enw, a does ganddi hi ddim rhagflaenydd.

Rhaid gosod y frawddeg mewn ffordd arall:

> Addysgwyd Ellis Wynne yn Rhydychen, mae'n debyg.
> neu Mae'n debyg i Ellis Wynne gael ei addysg yn Rhydychen.

Os ystyriwch chi'r frawddeg nesaf, a'i chymharu hi â'r frawddeg anghywir uchod, fe welwch chi fod y rhagenw *y* yn cael ei ddefnyddio'n iawn yma:

> Dyma'r dull **y** trechodd Cymru Loegr yn Twickenham.

Fe welwch chi fod yr *y* yn cyfeirio'n ôl at yr enw *dull,* ac nad yw'r ferf *trechodd* yn oddefol.

Berfau ac arddodiaid

Wrth ddefnyddio rhai arddodiaid fe ellir ychwanegu at yr ystyron y mae berfau'n eu cyfleu.

Y drefn arferol ydi:

defnyddio ffurf ferfol ar **bod + arddodiad + berfenw**.

enghreifftiau:

Yr **wyf ar gychwyn**.
Y mae hyn yn golygu fy mod **ar fin** cychwyn.

Yr **oedd** y bom **ar ffrwydro** pan gyrhaeddodd y fyddin.
Y mae hyn yn golygu fod y bom **ar fin** ffrwydro.

Yr **oeddem am hedfan** nes i'r streic ddigwydd.
Y mae hyn yn golygu ein bod yn **bwriadu** hedfan.

Buaset ti **heb gychwyn** eto, oni bai i mi alw amdanat.
Cyfeiria *heb* at weithred na fyddai wedi digwydd.

Yr **wyt** ti **i fod** yno erbyn chwech.
Y mae'r *i* yn dynodi fod yna ddisgwyl i weithred ddigwydd.

! *sylwer:*

Os yw'r goddrych (Adran 30) yn amlwg ac eglur mewn brawddegau lle ceir **cyfres** o osodiadau, gallwch (ond nid oes rhaid) nodi **ffurf ferfol y tro cyntaf** ac yna'r **berfenw** bob tro wedyn, fel hyn:

> **1**　　　　　　　　　　　**2**
> **Aeth** *y ferch at y drych,* **tynnu** *minlliw o'i bag,*
>
> **3**
> *a* **rhoi** *peth ar ei gwefusau.*
>
> > **1**= Berf　　**2** = Berfenw　　**3** = Berfenw

>　　　　　　　　　　　　　　**1**　　　　　　　**2**
> *Yr* **oedd** *y bachgen* **wedi cyrraedd** *adref,* **tynnu** *ei got*
>
> **3**　　　　　　　　　　　　　　　**4**
> *a* **gwneud** *paned iddo'i hun pan* **losgodd** *ei fysedd.*
>
> > **1** = Berf gwmpasog　　**2** = Berfenw
> > **3** = Berfenw – am eu bod yn rhan o gyfres gydag 1.
> > **4** = Berf, am fod y gyfres o osodiadau wedi'i thorri.

> **1**　　　　　　　　**2**　　　　　　　　　　**3**
> **Parciwch** *y car yma,* **golchi** *ei ffenestri, a'u* **sychu.**
>
> > **1**= Berf　　**2** = Berfenw　　**3** = Berfenw

Ond, fe allech ysgrifennu'r holl weithgaredd fel berfau, er enghraifft:

> **Aeth** y ferch at y drych, **tynnodd** finlliw o'i bag,
> a **rhoddodd** beth ar ei gwefusau.

Gyda gorchmynion y mae **ailadrodd y berfau'n llawn**
yn fwy effeithiol:

> **Parciwch** y car yma, **golchwch** ei ffenestri, a **sychwch** nhw.

Gwir ystyr y rhybudd **ar agor** a geir ar ddrws siop ydi
ei bod hi **ar fin agor.** Y rhybudd cywir ydi **yn agored.**

Rhai berfau afreolaidd pwysig

Y mae rhediad dyrnaid o ferfau'n **afreolaidd**.

Y bwysicaf o'r berfau hyn ydi *bod* (a berfau y mae'r elfen *bod* yn rhan ohonynt, fel *canfod, darfod, gorfod*).

! *sylwer:*

Tablau i droi atynt i ymgynghori ynghylch ffurfiau ydi'r rhain.

Ffurfiau berfol 'bod'

Nodir y ffurfiau lleiaf ffurfiol mewn cromfachau.

Modd mynegol
Presennol

	Unigol	Lluosog
Person Cyntaf	wyf, ydwyf (rwyf/rydw)	ydym, ŷm (rydym)
Ail Berson	wyt, ydwyt (rwyt) rydych (parchus)	ydych, ŷch (rydych)
Trydydd Person	yw, ydyw (ydi/ydy) mae, oes, sydd	ydynt, ŷnt (ydyn) maent (maen')
Amhersonol	ys, ydys	

 mae = S. *is*; **mai** = S. *that*

Dyfodol

	Unigol	Lluosog
Person Cyntaf	byddaf	byddwn
Ail Berson	byddi	byddwch
	byddwch (parchus)	
Trydydd Person	bydd	byddant (byddan')
Amhersonol	byddir, byddys	

Gorffennol

	Unigol	Lluosog
Person Cyntaf	bûm	buom
Ail Berson	buost	buoch
	buoch (parchus)	
Trydydd Person	bu	buont, buant (buon')
Amhersonol	buwyd	

Gorffennol perffaith

Y mae ffurfiau'r amser gorffennol perffaith yn rhai **cwmpasog**.
Ffurfiau ar y ferf *bod* ei hun ydi'r rhai cynorthwyol:

	1 **y/yr**	2 + Ffurf Bresennol ar **bod**	3 + Arddodiad **wedi**	4 + Berfenw
Unigol				
Person Cyntaf	yr	wyf *(rwyf fi; rydw i)*	wedi	bod
Ail berson	yr	wyt *(rwyt ti)*	wedi	bod
Trydydd person	y	mae *(e/o/hi)*	wedi	bod

Lluosog				
Person Cyntaf	yr	ydym *(rydym ni)*	wedi	bod
Ail berson	yr	ydych *(rydych chi)*	wedi	bod
Trydydd person	y	maent *(maen' nhw)*	wedi	bod

Amhersonol Yr ydys wedi bod

Amherffaith

	Unigol	Lluosog
Person Cyntaf	oeddwn (roeddwn)	oeddem (roeddem)
Ail Berson	oeddet, oeddit oeddech (parchus) roeddech (parchus)	oeddech (roeddech)
Trydydd Person	oedd, ydoedd (roedd)	oeddent oeddynt (roedden')
Amhersonol	oeddid	

Ail amherffaith (i gyfleu **arferiad**)

	Unigol	Lluosog
Person Cyntaf	byddwn	byddem
Ail Berson	byddet, byddit byddech (parchus)	byddech
Trydydd Person	byddai	byddent (bydden')
Amhersonol	byddid	

Gorberffaith

	Unigol	Lluosog
Person Cyntaf	buaswn	buasem
Ail Berson	buaset, buasit buasech (parchus)	buasech
Trydydd Person	buasai	buasent (buasen')
Amhersonol	buasid	

Modd dibynnol
Presennol

	Unigol	Lluosog
Person Cyntaf	bwyf, byddwyf	· byddom, bôm
Ail Berson	bych, byddych	byddoch, boch
Trydydd Person	bo, byddo	byddont, bônt
Amhersonol	bydder	

Amherffaith

	Unigol	Lluosog
Person Cyntaf	bawn/byddwn	baem, byddem
Ail Berson	baet, bait, byddet, byddech (parchus)	baech, byddech
Trydydd Person	bai, byddai	baent, byddent, baen'
Amhersonol	byddid	

Modd gorchmynnol
Presennol

	Unigol	Lluosog
Person Cyntaf	- - -	byddwn
Ail Berson	bydd	byddwch
Trydydd Person	bydded, bid boed	byddant, byddent
Amhersonol	bydded	

Prif rediadau berfau afreolaidd pwysig eraill

cael, dod, gwneud, mynd

Prif rediadau'r ferf 'cael'

Modd mynegol
Presennol (a dyfodol)

	Unigol	Lluosog
Person Cyntaf	caf	cawn
Ail Berson	cei	cewch
Trydydd Person	caiff	cânt
Amhersonol	ceir	

Gorffennol

	Unigol	Lluosog
Person Cyntaf	cefais	cawsom
Ail Berson	cefaist	cawsoch
Trydydd Person	cafodd	cawsant
Amhersonol	cafwyd	

Gorffennol perffaith

(Cwmpasog – defnyddir ffurfiau *bod* yma)

Unigol	1 y/yr	2 + Ffurf Bresennol ar **bod**	3 + Arddodiad **wedi**	4 + Berfenw
Person Cyntaf	yr	wyf *(rwyf (fi; rydw i)*	wedi	cael
Ail berson	yr	wyt *(rwyt ti)*	wedi	cael
Trydydd person	y	mae *(e/o/hi)*	wedi	cael

Lluosog				
Person Cyntaf	yr	ydym *(rydym ni; rydyn ni)*	wedi	cael
Ail berson	yr	ydych *(rydych chi)*	wedi	cael
Trydydd person	y	maent *(maen' nhw)*	wedi	cael

Amhersonol Yr ydys wedi cael

Amherffaith

	Unigol	Lluosog
Person Cyntaf	cawn	caem
Ail Berson	caet	caech
Trydydd Person	câi	caent
Amhersonol	ceid	

Gorberffaith

	Unigol	Lluosog
Person Cyntaf	cawswn	cawsem
Ail Berson	cawsit	cawsech
Trydydd Person	cawsai	cawsent
Amhersonol	cawsid	

Prif rediadau'r ferf 'dod'

Modd mynegol
Presennol (a dyfodol)

	Unigol	Lluosog
Person Cyntaf	deuaf, dof	deuwn, down
Ail Berson	deui, doi	deuwch, dewch, dowch
Trydydd Person	daw, doiff, doith	deuant, dônt
Amhersonol	deuir, doir	

Gorffennol

	Unigol	Lluosog
Person Cyntaf	deuthum, dois	daethom
Ail Berson	daethost, doist	daethoch
Trydydd Person	daeth	daethant
Amhersonol	daethpwyd	

Gorffennol perffaith

(Cwmpasog – defnyddir ffurfiau *bod* yma)

Unigol	1 **y/yr**	2 + Ffurf Bresennol ar **bod**	3 + Arddodiad **wedi**	4 + Berfenw
Person Cyntaf	yr	wyf *(rwyf fi; rydw i)*	wedi	dod

Ac ymlaen, gan ddilyn y patrwm.

Amherffaith

	Unigol	Lluosog
Person Cyntaf	deuwn, down	deuem, doem
Ail Berson	deuit, deuet, doit	deuech, doech
Trydydd Person	deuai, dôi	deuent, doent
Amhersonol	deuid, doid	

Gorberffaith

	Unigol	Lluosog
Person Cyntaf	daethwn	daethem
Ail Berson	daethit	daethech
Trydydd Person	daethai	daethent
Amhersonol	deuid, doid	

Prif ffurfiau'r ferf 'gwneud'

Modd mynegol
Presennol (a dyfodol)

	Unigol	Lluosog
Person Cyntaf	gwnaf	gwnawn
Ail Berson	gwnei	gwnewch
Trydydd Person	gwna, gwnaiff	gwnânt
Amhersonol	gwneir	

Gorffennol

	Unigol	Lluosog
Person Cyntaf	gwneuthum (gwnes)	gwnaethom (gwnaethon)
Ail Berson	gwnaethost (gwnest)	gwnaethoch
Trydydd Person	gwnaeth	gwnaethant (gwnaethon)
Amhersonol	gwnaethpwyd, gwnaed	

Gorffennol perffaith

(Cwmpasog – defnyddir ffurfiau *bod* yma)

Unigol	1 **y/yr**	2 + Ffurf Bresennol ar **bod**	3 + Arddodiad **wedi**	4 + Berfenw
Person Cyntaf	yr	wyf *(rwyf fi; rydw i)*	wedi	gwneud

Ac ymlaen, gan ddilyn y patrwm.

Amherffaith

	Unigol	Lluosog
Person Cyntaf	gwnawn	gwnaem
Ail Berson	gwnaet, gwneit	gwnaech
Trydydd Person	gwnâi	gwnaent
Amhersonol	gwneid	

Gorberffaith

	Unigol	Lluosog
Person Cyntaf	gwnaethwn	gwnaethem
Ail Berson	gwnaethit	gwnaethech
Trydydd Person	gwnaethai	gwnaethent
Amhersonol	gwnaethid	

Prif ffurfiau'r ferf 'mynd'

(Tebyg iawn i ffurfiau'r ferf *gwneud* – gollynger yr elfen *gwn-*)

Modd mynegol
Presennol (a dyfodol)

	Unigol	Lluosog
Person Cyntaf	af	awn
Ail Berson	ei	ewch
Trydydd Person	â, aiff	ânt
Amhersonol	eir	

Gorffennol

	Unigol	Lluosog
Person Cyntaf	euthum (es)	aethom
Ail Berson	aethost (est)	aethoch
Trydydd Person	aeth	aethant
Amhersonol	aethpwyd, aed	

Gorffennol perffaith

(Cwmpasog – defnyddir ffurfiau *bod* yma)

	1 **y/yr**	**2** + Ffurf Bresennol ar **bod**	**3** + Arddodiad **wedi**	**4** + Berfenw
Unigol				
Person Cyntaf	yr	wyf *(rwyf fi; rydw i)*	wedi	mynd

Ac ymlaen, gan ddilyn y patrwm.

Amherffaith

	Unigol	Lluosog
Person Cyntaf	awn	aem
Ail Berson	aet, eit	aech
Trydydd Person	âi	aent
Amhersonol	eid	

Gorberffaith

	Unigol	Lluosog
Person Cyntaf	aethwn	aethem
Ail Berson	aethet, aethit	aethech
Trydydd Person	aethai	aethent
Amhersonol	aethid	

Adferfau

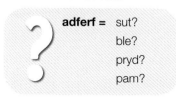

adferf = sut?
ble?
pryd?
pam?

Gair neu ymadrodd sy'n cael ei ddefnyddio'n arferol i ychwanegu
at ein gwybodaeth ni am **ferf** ydi **adferf**.

enghreifftiau:

Rhedodd **yn gyflym**. (berf + adferf)

Y mae *yn gyflym* yn dweud wrthym ni **sut** y *rhedodd*.
Y mae'n **adferf**.

Arhosais **yno**. (berf + adferf)

Y mae *yno* yn dweud wrthym ni **ymhle** yr *arhosais*.
Y mae'n **adferf**.

Cyrhaeddodd **echnos**. (berf + adferf)

Y mae *echnos* yn dweud wrthym ni **pryd** y *cyrhaeddodd*.
Y mae'n **adferf**.

Saethodd yr aderyn prin **am y byddai'n cael arian da amdano**.
(berf + adferf)

Y mae *am y byddai'n cael arian da* yn dweud wrthym ni
pam y *saethodd* yr aderyn.
Y mae'n **adferf**.

Ymadroddion adferfol

enghreifftiau:

Saethodd y milwr chwe bwled yn gyflym, gyflym.

Cawn wybod **sut** - *yn gyflym, gyflym* - y **saethwyd**.

Torrodd ei goes yr wythnos diwethaf.

Cawn wybod **pryd** - *yr wythnos diwethaf* - y **torrwyd** y goes.

Fe **dreuliodd** saith wythnos gartref.

Cawn wybod **ymhle** - *gartref* - y **treuliwyd** yr amser.

Daeth yn gyntaf yn y ras oherwydd ei bod yn rhedeg yn gyflym.

Cawn wybod **pam** - *oherwydd ei bod yn rhedeg yn gyflym* - y **daeth** yn gyntaf.

Sut i ddefnyddio'r **adferfau amser** *byth* ac *erioed*.

Y mae *byth* yn cyfeirio at y **presennol** neu'r **dyfodol**:

Dydw i byth am fynd i'r lle yna eto.

Y mae *erioed* yn cyfeirio at y **gorffennol**:

Welais i **erioed** *y fath beth.*

Fe geir *wedi* yn dilyn *erioed* yn eithaf aml:

Doedd hi **erioed wedi** *gweld llew nes iddi fynd i'r sŵ.*

Arddodiaid

Y mae'r arddodiad yn dangos y berthynas rhwng gair ac enw neu ragenw sy'n ei ddilyn. Ystyriwch y frawddeg hon:

> Y mae dyn . . . y tŷ.

Dowch inni **arddodi** neu **roi** geiryn yn y bwlch i ddangos y berthynas rhwng y rhannau; fel hyn:

> Y mae dyn **yn** y tŷ.

Y mae *yn* yn **arddodiad**.

Fe all y berthynas rhwng *dyn* a *thŷ* amrywio yn ôl yr arddodiad a ddefnyddiwn ni. Ystyriwch y brawddegau hyn:

> Y mae dyn **wrth** y tŷ.
> Y mae dyn **ar ben** y tŷ.
> Y mae dyn **o dan** y tŷ.

Arddodiaid rhedadwy

Yn Gymraeg, y mae rhai arddodiaid (**nid pob un**), yn gallu cynnwys **cyfeiriad at bersonau neu bethau, yn unigol a lluosog**.
Ystyriwch yr arddodiad hwn: *ar*

Gallwn ddweud: *ar-naf*

ac fe fyddem ni'n gwybod mai arnaf *fi* (y person cyntaf) y mae rhywbeth: y mae'r wybodaeth yna yn yr arddodiad *arnaf*.
Fel hyn y mae arddodiad *yn rhedeg,* fel y dywedir, nes gwneud **arddodiad rhedadwy**:

	Unigol	Lluosog
Person Cyntaf	arnaf	arnom
Ail Berson	arnat	arnoch
Trydydd Person	arno (gwrywaidd)	arnynt/arnyn'
	arni (benywaidd)	

 Fformiwla at wybod a ydi arddodiad yn rhedadwy:

Rhoddwch *i/mi* ar ei ôl, ac fe gewch arddodiaid, person cyntaf ei rediad, fel hyn:

am	+	*fi*	→	**amdanaf fi**	=	Rhedadwy
i	+	*mi*	→	**imi**	=	Rhedadwy

(Nid yw *i* yn rhedadwy os rhoddir ef a'r rhagenw *mi* ar wahân – *i mi*. Y mae mwy o bwyslais ar y *mi* pan wneir hyn.)

gan	+	*fi*	→	**gennyf fi**	=	Rhedadwy
at	+	*fi*	→	**ataf fi**	=	Rhedadwy

efo	+	*fi*	→	*efo fi*	=	Dim newid yn yr arddodiad
					=	Anrhedadwy

megis	+	*fi*	→	*megis fi*	=	Dim newid yn yr arddodiad
					=	Anrhedadwy

Dyrnaid o ferfenwau ac arddodiaid:

a

achwyn *ar;* adrodd *am/wrth*
   (adrodd *am* y digwyddiad
   wrth gyfaill);
anghofio *am;*
amddiffyn *rhag;* anelu *at;*
anfon *at/i* (anfon *at* gyfaill **i**'r
   swyddfa);
apelio *at/ar;*
argyhoeddi *o;*
arswydo *rhag;*
atal *rhag;*
ateb *dros;*

b

benthyca *oddi ar/gan/o*
   (benthyca *oddi ar/gan* fy
   nghyfnither;
benthyca *o* lyfrgell y dref);
bodloni *ar/i;*

c

cadw *rhag/at* (cadw *rhag* drwg;
cadw *at* y cytundeb);
cael *gan/o* (cael parsel *gan*
   fy nghefnder *o* Iwerddon);
caniatáu *i;*
cenfigennu *wrth;*
cilio *rhag;*
clywed *am/gan* (clywed *am*
   ddigwyddiad *gan* rywun);
cofio *am/at* (cofio **am** y
   ddamwain;
   cofio *at* fy chwaer)*;*
credu *yn/am* (credu *yn* Nuw;
   alla' i ddim credu hyn'na
   amdano fo);

cydio *yn/mewn* (cydio *yn* y
   bwced, cydio *yng* nghlust
   y cwpan - hynny yw: **yn +
   y fannod + enw;** *neu* **yn +
   enw + y fannod + enw**;
cydio *mewn* jwg - hynny ydi:
   mewn + enw, heb y fannod
   o'i flaen);
cyd-weld *â;*
cyfarfod *â;*
cyfamodi *â;*
cyffesu *wrth;*
cyffwrdd **â**;
cyhuddo *o;*
cynnig *i/am* (cynnig *i* rywun
   am rywbeth);
cysgodi *rhag;*
cytuno *â/efo;*
cytuno *ynghylch* (cytuno **â**
   rhywun **ynghylch** rhywbeth);
cywilyddio *am;*
cuddio *rhag;*

ch

chwerthin *am ben;*
chwilio *am/i* (chwilio *am* y gath;
chwilio **i**'r mater);

d

dadlau *â/dros/ynghylch*
   (dadlau *â* rhywun *dros* achos
   neu *ynghylch* achos);
dangos *i/sut* (dangos *i* rywun
   sut y mae gwneud rhywbeth);
dial *ar;*
dianc *rhag/i* (dianc *rhag*
   y gelyn *i* wlad ddieithr);

digio **wrth/am** (digio **wrth**
   rywun **am** rywbeth);
diogelu **rhag;**
disgwyl **am/i/wrth** (disgwyl
   am fy nghyfaill **am** oriau;
   disgwyl **i**'r ffôn ganu;
   disgwyl **wrth** y drws);
dweud **wrth/am** (dweud
   wrth rywun **am** rywbeth);
dychwelyd **at/i** (dychwelyd
   at y tŷ **i** ddisgwyl);
dylanwadu **ar;**
dysgu **i/am** (dysgu **i** rywun
   am rywbeth);

e
edifarhau **am;**
edliw **i;**
edrych **am;**
erfyn **ar/dros** (erfyn **ar** rywun
   dros achos);
estyn **at/i** (estyn **at** rywbeth,
   yna wedyn ei estyn o **i** rywun);

ff
ffarwelio **â;**

g
gadael **i;**
gafael **yn/mewn** (gafael **yn**
   y bwced, gafael **yng** nghlust
   y cwpan - **yn + y fannod**
   + enw *neu* **yn + enw + y**
   fannod + enw; gafael **mewn**
   jwg - **mewn + enw,** heb y
   fannod);
gofalu **am;**
gofyn **i/am** (gofyn **i** rywun
   am rywbeth);

gorchymyn **i;**
gwahardd **rhag;**
gweddïo **ar/am/dros**
   (gweddïo **ar** Dduw **am**
   rywbeth neu **dros** rywun);
gweiddi **ar/am** (gweiddi **ar**
   rywun **am** rywbeth);
gwisgo **am;**
gwrando **ar/am** (gwrando
   ar y glaw;
   gwrando **am** sŵn troed);
gwylio **dros;**

h
hiraethu **am;**

ll
lladd **ar** (hen ddyn annymunol
   yn lladd **ar** rywun o hyd);
llwyddo **i/yn** (llwyddo **i** basio;
   llwyddo **yn** yr arholiadau);

m
maddau **i;**
myfyrio **ar;**
mynd **at/i** (mynd **at** rywun **i**
   chwilio am rywbeth);

n
nesu **at;**

o
ofni **rhag/am** (ofni **rhag** y
   drwg;
   ofni **am** fy einioes);

p
peidio **â;**
peri **i;**
prynu **gan;**
pwyso **ar;**

rh

rhagori *ar;*

rhedeg *at/ar* (rhedeg *at*
    rywun;

rhedeg *ar* rywun = difrïo);

rhoi *i/am* (rhoi medal *i* rywun
    am rywbeth);

rhyfeddu *at;*

s

siarad *â/am* (siarad *â* rhywun
    am rywbeth);

sôn *wrth/am* (sôn *wrth*
    rywun *am* rywbeth);

sorri *wrth;*

sylwi *ar* (**ond byth** sylweddoli
    ar);

synnu *at;*

t

talu *i/am* (talu *i* rywun *am*
    rywbeth);

tosturio *wrth;*

troi *at;*

trugarhau *wrth;*

tystiolaethu *i/am/dros*
    (tystiolaethu *i*'r llys *am* achos;
    tystiolaethu *dros* gymeriad
    rhywun);

u

ufuddhau *i;*

y

ychwanegu *at;*

ymadael *â;*

ymdrin *â;*

ymguddio *rhag;*

ymhyfrydu *yn;*

ymladd *â/dros* (ymladd
    â rhywun; ymladd *dros*
    eich gwlad);

ymosod *ar;*

ymroi *i;*

ymserchu *yn;*

ymwrthod *â;*

ymwybod *o.*

! sylwer:

**❶ Pan fydd arddodiad yn rhedeg, rhaid defnyddio'r
ffurfiau priodol.**

Y mae:

> Cofiai **am** ei hun yn ifanc

yn **anghywir** am nad ydi ffurf briodol yr arddodiad wedi ei
defnyddio. Dyma'r ffurf gywir:

> Cofiai **amdano** ei hun yn ifanc.   (am wryw)
> Cofiai **amdani** ei hun yn ifanc.   (am fenyw)

2 Y mae rhai **arddodiaid cyfansawdd** (sef rhai'n cynnwys mwy nag un gair), er enghraifft, *am ben*. Dyma'r arddodiad hwn mewn brawddeg:

> Mae o'n chwerthin **am ben** y dyn.

Fel hyn y dylid rhoi rhagenw yn lle enw yn y frawddeg hon:

> Mae o'n chwerthin **am** ei **ben** (gwrywaidd)

neu **am** ei **phen**. (benywaidd)

Gwelir fod y rhagenw yn dod rhwng y geiriau gwahanol sy'n rhan o'r arddodiad cyfansawdd, sef yma, *am + pen*.

Dyma enghreifftiau eraill, gyda pherson cyntaf y rhagenw wedi'i ddefnyddio ynddyn nhw:

o amgylch	→	*o'm* **h**amgylch
o gwmpas	→	*o'm* **c**wmpas
ynghylch (yn + cylch)	→	*yn fy* **ngh**ylch

3 Y mae'n bwysig defnyddio'r arddodiad priodol ar ôl berfenwau a berfau arbennig. Ceir rhai berfenwau a berfau sy'n cael eu dilyn gan wahanol arddodiaid dan wahanol amgylchiadau i roi amrywiaeth o ystyron; er enghraifft, dyna ichi'r berfenw *ysgrifennu*. Yr arddodiad pwysicaf i'w ddefnyddio yma ydi *at*, eithr y mae achosion pryd y defnyddir arddodiaid eraill:

> Ysgrifennais **at** y Gweinidog Amaeth. (at berson)
> Ysgrifennais **i'r** Weinyddiaeth Addysg. (i sefydliad)

(Ni ellir dweud:

> Ysgrifennais **i'r** Gweinidog Amaeth.

oherwydd golygai hynny fod y Gweinidog Amaeth yn **llyncu'r** llythyr.)

Ysgrifennais **am** gopi o'r llyfr.
Ysgrifennais **dros** fy nghyfaill am ei fod wedi brifo ei law.

Y mae'n berthnasol nodi yma y gall fod yna fwy nag un ystyr i arddodiad. Y mae'n bwysig iawn i gyfieithwyr gofio hyn.

Am bwy'r wyt ti'n sôn? (S. *about*)
Fi sy'n mynd **am** mai fi ydi'r hynaf. (S. *because*)
Bu'n rhaid ymladd yn galed **am** fuddugoliaeth. (S. *for*)
Clywsom y cloc yn taro **am** hanner nos. (S. *at*)

❹ Y mae gwahaniaeth rhwng yr arddodiaid *yn* a *mewn*. Fel rheol, defnyddir *yn* o **flaen enw penodol**, yn aml gyda'r fannod:

Bûm yn siopa **yn** y dref.

Neu fe'i ceir gyda chyflwr genidol, fel y dywedir.
Genidol = yn perthyn i rywbeth. Felly, yn yr enghraifft nesaf:

Bu **yn** nhŷ y dyn. (= *tŷ* sy'n berthyn i'r dyn)

Ym mhen draw'r cae yr oedd ceffyl.
(*yn* ➡ *ym* + treiglad trwynol)
Yng Nghymraeg y de. (*yn* ➡ *yng* + treiglad trwynol)

Os mai ansoddair sydd ar ôl yr enw yna ni ellir defnyddio *yn,* felly y mae:

Yng Nghymraeg Canol, yn **anghywir**. ✗
Mewn Cymraeg Canol, sy'n **gywir**. ✔

! sylwer:

Fe geir *yn* wedi ei gloi mewn rhai dywediadau fel: *yng Ngorsedd; yn uffern; yn Gymraeg, yng ngharchar,* ac o flaen enwau lleoedd: *yn Rhydychen; yng Nghaerdydd.*

Defnyddir *mewn* gydag enw amhenodol:

Bu hi'n byw **mewn** tref yn Lloegr.

5 *oddi wrth* (dau air, cofiwch): Y mae rhai'n gollwng yr *oddi* o'r arddodiad hwn ac yn dweud pethau fel:

Cefais lythyr **wrth** fy ffrind.

Nid yw'r arfer i'w chymeradwyo mewn ysgrifennu ffurfiol.

6 Ni ddylid gorffen brawddeg gydag arddodiad syml:

Am beth yr wyt ti'n meddwl?   ✔ **cywir**
Be ti'n meddwl am?   ✘ **anghywir**

Ond gellir cael ffurf ar arddodiad os yw wedi ei redeg ar ddiwedd brawddeg:

Wyt ti'n meddwl **amdani**?
Cofia fi **ati**.

7 Dyma rediad yr arddodiad *gan*:

	Unigol	Lluosog
Person Cyntaf	gennyf	gennym
Ail Berson	gennyt	gennych
Trydydd Person	ganddo [gwr.]	ganddynt
	ganddi [ben.]	

Dydi'r ffurfiau lle y mae'r *dd* a geir yn y trydydd person yn ymestyn i ffurfiau'r personau eraill ddim i'w cymeradwyo mewn ysgrifennu ffurfiol:

enghreifftiau:

ganddom ni; ganddoch chi   ✘ **annerbyniol**

Y mae'r un peth yn wir am rai arddodiaid eraill, fel: *heb* a *rhwng*.

8 Nid yw'r arfer o sôn am feddiant trwy ddefnyddio *gyda* neu *efo* i'w chymeradwyo:

Y mae **gennyf/gen** i bêl.   ✔ **cywir**
Fi **gyda/efo** pêl.   ✗ **anghywir**

9 Gwahaniaethu rhwng *â/ag* a *gyda/gydag*.
Defnyddir *â* (+ cytsain)/*ag* (+ llafariad), fel arfer, i ddynodi rhywbeth a ddefnyddir, neu a gludir:

enghreifftiau:

Torrodd ei fys **â** chyllell finiog.
Aeth **ag** afal yn ei fag i'r ysgol.
Trawodd ei elyn **â**'i ddwrn.

Defnyddir *gyda* (+ cytsain)/*gydag* (+llafariad), fel arfer, i ddynodi bod yng nghwmni rhywun, neu i sôn am ymdeimlad:

enghreifftiau:

Aeth i aros **gyda**'i fodryb yn Llandudno.
Crwydrodd hi'r wlad **gydag** Eleri, ei ffrind.
Cymeradwyodd y perfformiad **gydag** argyhoeddiad.
Sonia'n wastad am ei hen athro **gyda** dicter.

Cysyllteiriau

Gair cyfansawdd clwm ydi **cysylltair**. Y mae'n cynnwys mwy nag un gair. Y ddau air sydd wedi dod ynghyd yma ydi:

cyswllt + gair

Mae enw'r gair yn esbonio'r hyn y mae 'cysylltair' yn ei wneud, **sef dangos y cyswllt rhwng:**

(a) dau air, fel hyn:
Dyma ichi ddau air digyswllt: *ci, cath.*
Dyma'r ddau air yn **cael eu cysylltu** - efo **cysylltair**:

ci **a** chath; ci **neu** gath

(b) dau ymadrodd, fel hyn:
Dyma ichi ddau ymadrodd digyswllt: *dau ddyn, dwy wraig.*
Dyma ichi'r ddau ymadrodd yn **cael eu cysylltu** efo **cysylltair**:

dau ddyn **a** dwy wraig; dau ddyn, **ond** dwy wraig

(c) dwy frawddeg, fel hyn:
Dyma ichi ddwy frawddeg ddigyswllt: *Aeth i'r cae.*
Casglodd lond poced o gnau.

Y mae'r ddwy frawddeg yn troi'n **ddau gymal** o un frawddeg am eu bod yn **cael eu cysylltu** efo **cysylltair**:

Aeth i'r cae **a** chasglodd lond poced o gnau.

Dyma rai cysyllteiriau Cymraeg:

Y mae rhai'n **gysyllteiriau cydradd** am eu bod yn creu cyswllt rhwng elfennau sydd o'r un pwysigrwydd, rhai fel: *a*, *ac*, *â/ag*, *canys*, *eithr*, *namyn*, *neu*, *ond*.

Aeth y dyn i'r dref **ac** arhosodd gyda'i gyfaill.

Y mae'r ddau gymal: *Aeth y dyn i'r dref. Arhosodd gyda'i gyfaill.* yr un mor bwysig â'i gilydd – gall y ddau sefyll ar eu pennau eu hunain.

Y mae cysyllteiriau eraill sy'n cysylltu prif gymal a chymalau nad ydyn nhw ddim mor bwysig â hwnnw, sef is-gymalau. Gelwir y rhain yn **gysyllteiriau isradd**, rhai fel: *ag*, *am*, *ar ôl*, *er*, *fel*, *gan*, *gyda*, *hyd*, *nes*, *pan*, *pe*, *pryd*, *tan*, *tra*.

Ar ôl bod yn gwrando ar y dyn-tywydd aeth allan am dro.

Aeth allan am dro, ydi'r prif gymal, sy'n nodi prif weithgarwch y frawddeg. Y mae'r cymal, *ar ôl bod yn gwrando ar y dyn-tywydd* yn dweud **pryd** yr aeth allan.

a/ac

❶ Y rheol ydi:

> *a* o flaen cytsain: pant **a** bryn
> *ac* o flaen llafariad: daear **ac** awyr

❷ Ond fe geir *ac* o flaen cytsain weithiau:

> **ac** mae, **ac** sydd, **ac** mi, **ac** fe, **ac** felly,
> **ac** nid, **ac** mewn, **ac** mor, **ac** meddai

Pam?

Ffurf lawn *ac mae* ydi *ac y mae*. Y mae'r *y* wedi ei gollwng:

ac y mae ➡ **ac mae**

Ysydd oedd hen ffurf *sydd*, ond y mae'r *y* wedi ei gollwng o'r gair bron bob amser:

ac ysydd ➡ **ac sydd**

Y mae'n fwy anodd esbonio'r lleill, ond efallai mai'r saib byr rhwng *ac* a'r gytsain sy'n cyfrif am y peth (nid annhebyg i hyn: *ac* [y] mi; *ac* [y] nid).

❸ *a* neu *ac* o flaen *h*

Dylai *a* ddod o flaen *h*:

> *byth* **a h**efyd; *pupur* **a h**alen.

Ond, mewn rhai amgylchiadau, y mae sain yr *h* mor wan nes ei bod yn cael ei cholli yn sain y llafariad ar ei hôl, a bod tuedd i roi *ac* o'i blaen hi: **ac h**efyd (ac efyd); **ac h**eb (ac eb).

Dydi hyn ddim yn syndod achos, wrth gynganeddu, ystyrir fod sain yr *h* mor wan nes nad oes rhaid ei hateb hi, er enghraifft:

> *O hiraeth tost wrth y tân*
> (h) r   th t   :   rth   t

> *Hardd leuad ni rydd lewych*
> (h) r dd l   :   r dd l

4 Dylai'r ferf ddod yn syth ar ôl y cysyllteiriau *os*, ***pan***, ***tra***:

Mi fyddaf yn hapus iawn **os** *gwelaf hi.*

✔ **cywir**

Mi fyddaf yn hapus iawn **os** *y gwelaf hi.*

✘ **anghywir**

Aeth adref **pan** *welodd nad oedd neb arall yno.*

✔ **cywir**

Aeth adref **pan** *y gwelodd nad oedd neb arall yno.*

✘ **anghywir**

Tra *byddai ei fab gydag ef, gallai wneud y gwaith yn iawn.*

✔ **cywir**

Tra y byddai ei fab gydag ef, gallai wneud y gwaith yn iawn.

✘ **anghywir**

5 Does dim treiglad ar ôl y cysylltair *os*:

Os *byddwch chi'n gweld fy meic, dowch ag o/e i'n tŷ ni.*

✔ **cywir**

Os *fyddwch chi'n gweld fy meic, dowch ag o/e i'n tŷ ni.*

✘ **anghywir**

6 Does dim treiglad ar ôl y cysylltair ***tra***:

Tra disgynnai'r awyren gallwn weld y peilot yn eglur.

Ond os mai swyddogaeth y ***tra*** mewn brawddeg yw goleddfu neu newid grym yr ansoddair, yna fe'i dilynir gan y treiglad llaes:

Er ei fod yn **dra ch**ymwys, ni chafodd y swydd.

> **❗** ***tra + oedd.*** Dyma'r ffurf draddodiadol gywir ar y cyfuniad o'r ddau air hyn, ond y mae'r ffurf *roedd* wedi cymryd lle *oedd* i'r fath raddau nes bod tuedd, bellach, i ysgrifennu *tra roedd* hefyd.

Y treigladau

Beth ydi treiglad?

Gwrandewch ar rai Americanwyr yn dweud y geiriau hyn:

beauty

yr hyn a glywch chi, mewn sillafiad Cymraeg, ydi *biwdi*;

duty ➡ *diwdi*

Hynny ydi, y mae'r *t* yn troi'n *d*.

Yn y ddau air, y mae'r *t* rhwng dwy lafariad Gymraeg (*w* ac *i*).Y mae'r llafariaid hyn yn dylanwadu rhywfaint ar sain y *t*, a'i throi yn *d*.

Dyna, yn sylfaenol, ydi'n treigladau ninnau, y Cymry. Mae cytseiniaid yn treiglo am fod siaradwyr Cymraeg, dros ganrifoedd, wedi ei chael hi'n haws ynganu **treigladau** o gytseiniaid nag ynganu'r cytseiniaid gwreiddiol. Hynny ydi, newid ar sail sain, sef newid **seinegol** ydi treiglad, yn wreiddiol.

Ym mamiaith y Gymraeg, sef Brythoneg, y gair am *afon* oedd *abona*. Wrth i'r Frythoneg esblygu yn Gymraeg, fe newidiodd *abona* yn *afon*. Fe welwn fod y *b* rhwng dwy lafariad (*a...a*) wedi troi'n *f*.

Ond erbyn hyn, newid **gramadegol** ydi'n treigladau ni. Hynny ydi, fel y gwelwch chi isod, **rhesymau gramadegol** (megis, er enghraifft, y gair sy'n dod o flaen treiglad) sydd yn gyfrifol amdano, **nid rhesymau seinegol**.

Y mae **tri threiglad** yn y Gymraeg, sef:

(a) **y treiglad meddal**
(b) **y treiglad trwynol**
(c) **y treiglad llaes**

Dyma nhw'r newidiadau sy'n digwydd i rai cytseiniaid wrth iddyn nhw dreiglo. Y maen' nhw wedi eu gosod ar ffurf tabl. Fe welwch chi mai ffordd hawdd o ddod i wybod beth ydi ffurfiau treigledig y cytseiniaid ydi:

(a) rhoi *dy* o'u blaen i gael **treiglad meddal**
(b) rhoi *fy* o'u blaen i gael **treiglad trwynol**
(c) rhoi *ei* (benywaidd) o'u blaen i gael **treiglad llaes**

Cytseiniaid sy'n treiglo	Y cytseiniaid mewn geiriau	Treiglad meddal	Treiglad trwynol	Treiglad llaes
p	**p**en	(dy) **b**en	(fy) **mh**en	(ei) **ph**en
t	**t**rwyn	(dy) **d**rwyn	(fy) **nh**rwyn	(ei) **th**rwyn
c	**c**eg	(dy) **g**eg	(fy) **ngh**eg	(ei) **ch**eg
b	**b**ol	(dy) **f**ol	(fy) **m**ol	
d	**d**ant	(dy) **dd**ant	(fy) **n**ant	dim treiglo
g	**g**ardd	(dy) **-**ardd	(fy) **ng**ardd	
ll	**ll**aw	(dy) **l**aw		
rh	**rh**aw	(dy) **r**aw	dim treiglo	dim treiglo
m	**m**aneg	(dy) **f**aneg		

Dyma ichi restr o amgylchiadau lle y mae gwahanol dreigladau'n digwydd. Yr hyn y dylech fedru ei wneud, yn y pen draw, ydi:

(a) **gallu dweud pan fydd treiglad yn anghywir** (dyma'r peth pwysicaf un). Po fwyaf ydi'ch meistrolaeth chi o'r iaith, mwya'n y byd fydd eich gwybodaeth am gywirdeb treigladau.

(b) **esbonio** pam y mae'n anghywir.

Mater o **resymu,** yn hytrach nag o gofio, ydi hyn.

enghraifft:

Bwriwch eich bod yn gweld y frawddeg hon:

Gwelais y dyn ar pen y pont.

Dylech wybod ar eich union fod yna gamgymeriadau ynddi. Y mae yma ddau achos o ddiffyg treiglo, sef:

ar pen yn lle ar ben
y pont yn lle y bont

Dyna ni wedi cywiro'r gwallau.

Beth am esbonio'r camgymeriadau?

ar pen/ar ben

1 Pa dreiglad? Meddal.

Cofiwch y fformiwla:

dy + **p**en ➡ dy + **b**en. **p** ➡ **b = treiglad meddal**

2 Enw ydi *pen.*

Y mae i enw Cymraeg ddwy nodwedd, sef cenedl (gwrywaidd neu fenywaidd), a rhif (unigol neu luosog).

3 A ydi'r treiglad hwn yn dibynnu ar genedl yr enw?

Gwrywaidd ydi *pen* (*y pen* **hwn**).

A ydi enw benywaidd yn treiglo ar ôl *ar*?

Ystyriwch yr enw benywaidd *pluen* (*y bluen* **hon**), er enghraifft:

ar bluen. Y mae'r treiglad yn digwydd yma eto. Yn yr achos hwn gallwn ddweud: **dydi'r treiglad ddim yn dibynnu ar** *genedl* **yr enw**.

④ A ydi'r treiglad hwn yn dibynnu ar **rif** yr enw?

Unigol ydi *pen*.

A ydi lluosog y gair, sef *pennau*, yn treiglo'r un fath ar ôl *ar*? *Ar bennau* – ydi. Felly, yn yr achos hwn, **dydi'r treiglad ddim yn dibynnu ar *rif* yr enw.**

Gallwn nodi rheol sy'n esbonio pam y mae *ar pen* yn anghywir trwy ddweud:

Y mae cytseiniaid yn treiglo'n feddal ar ôl yr arddodiad *ar*.

y pont/y bont

① Pa dreiglad? Meddal.

Cofiwch y fformiwla

dy + **p**ont ➡ dy + **b**ont. **p** ➡ **b = treiglad meddal**

② Enw ydi *pont*. Y mae i enw Cymraeg ddwy nodwedd, sef cenedl a rhif.

③ A ydi'r treiglad hwn yn dibynnu ar genedl yr enw?

Benywaidd ydi *pont* (*y bont* **hon**).

A ydi enw gwrywaidd hefyd yn treiglo ar ôl *y*, sef y fannod?

Ystyriwch yr enw gwrywaidd *tŷ* (*y tŷ* **hwn**), er enghraifft: *y tŷ*. Does dim treiglad yma. Felly, yn yr achos hwn, **y mae'r treiglad yn dibynnu ar *genedl* yr enw**.

4 A ydi'r treiglad hwn yn dibynnu ar **rif** yr enw?

Unigol ydi *pont.*

A ydi lluosog yr enw, sef *pontydd,* yn treiglo'r un fath ar ôl *y,* sef y fannod? *Y pontydd* – nac ydi. Felly, yn yr achos hwn, **y mae'r treiglad yn dibynnu ar *rif* yr enw.**

5 Gallwn nodi rheol sy'n esbonio pam y mae *y pont* yn anghywir, trwy ddweud:

Y mae enw benywaidd (gweler 3 uchod), **unigol** (gweler 4 uchod) **yn treiglo'n feddal ar ôl y fannod.**

Efallai fod y broses hon yn ymddangos yn gymhleth, ond y mae'r cwbl yn symud gam wrth gam.

Y mae'r math hwn o ymresymu wedi ei wneud yn y rheolau sy'n dilyn. Gall ymresymu atgyfnerthu ein gwybodaeth am dermau gramadeg.

Y treiglad meddal

! sylwer:

Rheolau i ymgynghori â nhw ydi'r cwbl o'r rhain ynghylch treigladau.

Ceir rhestr o'r cytseiniaid sy'n treiglo'n feddal ar dudalen 127.

Enwau

❶ Mewn enw benywaidd unigol ar ôl y fannod:

    y **b**ont   (⬅ pont)
    y **d**orth   (⬅ torth)

❷ Ar ôl y rhagenwau *dy, 'th, ei* (gwrywaidd), *'i* (gwrywaidd), *'w* (gwrywaidd):

    dy **b**en   (⬅ pen)
    gyda'th **d**ad   (⬅ tad)
    ei **g**i   (⬅ ci)
    gyda'i **f**am   (⬅ mam)
    i*'w* **l**offt   (⬅ llofft)

! sylwer:

Ni threiglir ar ôl *'i* (gwrywaidd) pan fydd yn rhagenw mewnol gwrthrychol, e.e.

    fe*'i* **t**wyllodd ef ✔   (**nid** fe'i dwyllodd ef) ✗
    fe*'i* **c**ollodd ef ✔   (**nid** fe'i gollodd ef) ✗

(Yn y ddwy frawddeg hyn i'r *ef* y mae'r weithred yn digwydd: *ef* ydi'r gwrthrych. Cyfeirio at yr *ef* y mae'r *'i*, felly gwrthrychol ydi yntau hefyd.)

3 Ar ôl yr arddodiaid *am, ar, at, dan, dros, drwy, gan, heb, hyd, i, o, wrth*:

    am **g**einiog   (⬅ ceiniog)
    ar **-l**an   (⬅ glan)
    dros **b**en   (⬅ pen)

4 Ar ôl y rhifolion *un* (benywaidd), *dau*, *dwy*:

    un **g**ath   (⬅ cath)
    dau **dd**yn   (⬅ dyn)
    dwy **f**aneg   (⬅ maneg)

Ceir treiglad hefyd, o bryd i'w gilydd, ar ôl *saith* ac *wyth*:

    saith **b**unt   (⬅ punt)
    wyth **b**wys   (⬅ pwys)

ond ceir y rhain, hefyd, heb dreiglad:

    saith **p**unt
    wyth **p**wys

5 Ar ôl ansoddair:

    hen **g**oeden   (⬅ coeden)
    hoff **f**ro   (⬅ bro)

6 Yn y traethiad ar ôl *yn* (hynny ydi, *yn* + **enw**):

    yn **dd**yn da   (⬅ dyn)
    yn **g**affaeliad   (⬅ caffaeliad)

7 Gwrthrych berf gryno:

> *canodd* **g**ân (⬅ cân)
> *ysgrifennodd* **d**raethawd (⬅ traethawd)

! sylwer:

Y mae treiglad ar ôl **dyma**, **dyna** a **dacw**. Yr esboniad ar hyn ydi fod ffurfiau llawn y rhain i gyd yn cynnwys **berf gryno**:

gwêl di yma ➡ *dyma; gwêl di yna* ➡ *dyna; gwêl di acw* ➡ *dacw*

> *Dyma* **dd**arlun trawiadol.
> *Dyna* **dd**yn enfawr yn ymddangos.
> *Dacw* **f**ynydd ucha'r wlad.

8 Goddrych neu wrthrych berf **pan ddaw gair neu ymadrodd rhyngddo a'r ferf**:

Rhedodd,	*y tro hwnnw,*	**g**ath (⬅ cath) *ar draws y llwybr.*
Berf	**Ymadrodd**	**Goddrych**

Pe na bai yna ymadrodd rhwng y ferf a'i goddrych, ni fyddai treiglad:

> *Y tro hwnnw* **rhedodd cath** *ar draws y llwybr.*

Y mae'r geiriau *y tro hwnnw* yn gweithio rywbeth yn debyg i'r sangiad a geir yng ngwaith Beirdd yr Uchelwyr.

9 Teitl ar ôl enw priod:

> *Solomon* **f**renin (⬅ brenin)
> *Dafydd* **b**roffwyd (⬅ proffwyd)

10 Mewn cyfarchiad:

> *O*, **Dd**uw (⬅ Duw)
> *A!* **g**yfeillion (⬅ cyfeillion)

11 Ail elfen gair cyfansawdd clwm:

gwaith + tŷ ➡ gweith**d**y
hen + bro ➡ hen**f**ro

12 Ar ôl y cysylltair *neu*:

nos *neu* **dd**ydd (⬅ dydd)
ffa *neu* **b**ys (⬅ pys)

13 Ar ôl yr hyn a alwodd Peter Wynn Thomas yn **banodolion**, sef geiriau sy'n digwydd yn lle'r fannod: *pa*, *pa ryw*, *pa fath*, *rhyw*, *unrhyw*, *cyfryw*, *amryw*, *sut*:

Pa fath **f**renin (⬅ brenin) oedd Herod?
Mae gennyf *amryw* **g**yfeillion. (⬅ cyfeillion)
Sut **g**ar (⬅ car) ydi d'un di?

14 Ar ôl *naill*, *ychydig*, *ambell*, *aml*:

o'r *naill* **g**oes (⬅ coes) i'r llall
ambell **f**ref (⬅ bref)

15 Mewn cyflwr adferol:

fis (⬅ mis) i heddiw
ddoe (⬅ doe) ddiwethaf

Ansoddeiriau

1 Ar ôl enw benywaidd unigol:

cath **dd**u (⬅ du)
noson **f**awr (⬅ mawr)

2 Yn y traethiad ar ôl *yn* (hynny ydi, *yn* + ansoddair):

Roedd y côr *yn* **dd**awnus. (⬅ dawnus)
Rhedodd *yn* **g**yflym. (⬅ cyflym)

❸ Ail elfen gair cyfansawdd clwm:

amryw + lliw   ➡ amry**l**iw
ael + du   ➡ ael**dd**u
llwyd + glas   ➡ llwyd**l**as

❹ Ar ôl y cysylltair *neu*:

da *neu* **dd**rwg   (⬅ drwg)
anniddig *neu* **f**odlon   (⬅ bodlon)

❺ Ar ôl *mor*, *cyn*, *po* wrth gymharu ansoddeiriau:

mor **f**elys   (⬅ melys)
cyn **-**laned   (⬅ glaned)
po **f**wyaf   (⬅ mwyaf)
po **-**lanaf   (⬅ glanaf)

Gweler y nodyn ar dudalen 140 am dreiglo *ll* a *rh* neu beidio â threiglo.

❻ *pob* mewn cyflwr adferfol:

bob (⬅ pob) nos af allan i'r parc.

❼ *pob*, *pawb* mewn cyfosodiad. Yn syml iawn, rhyw ychwanegiad bach ydi cyfosodiad, fel rheol:

Aethom ni i'n tai.
Aethom ni, **b**awb (⬅ pawb) ohonom, i'n tai.
   │ Cyfosodiad │

Aethant yn dawel.
Aethant, **b**ob (⬅ pob) un, yn dawel.
   │ Cyfosodiad │

❽ Ar ôl *rhy* a *gweddol*:

Dydw i ddim yn teimlo'n *rhy* **dd**a. (⬅ da)
Gobeithio y dewch chi draw yma'n *weddol* **f**uan. (⬅ buan)

Gweler y nodyn ar dudalen 140 am dreiglo neu beidio â threiglo *ll* a *rh*.

Berfau

1 Ar ôl y rhagenw perthynol *a*:

Dyma'r gath *a* **f**oddwyd. (← boddwyd)
Nid y llais yna *a* **g**lywais. (← clywais)

2 Ar ôl yr *a, faint,* a *pwy* sy'n gofyn cwestiwn:

A -welsoch (← gwelsoch) chi'r awyren?
A **r**annwyd (← rhannwyd) y teisennau?

Weithiau fe ollyngir y geiryn gofynnol *a?*, ond gan gadw'r
treiglad sy'n dod ar ei ôl:

-Welsoch (← gwelsoch) chi'r awyren?
Rannwyd (← rhannwyd) y teisennau?
Faint fydd (← bydd) yno heno tybed?
Pwy fuasai'n (← buasai) meddwl mai hi oedd y fam?

3 Ar ôl y geirynnau rhagferfol *fe*, *mi*, *ti* (dydi'r *ti* hwn ddim
yn digwydd yn aml):

Fe **l**eddaist (← lleddaist) ti'r gwningen.
Mi **f**rathodd (← brathodd) fy nghlust.
Ti -wyddost (← gwyddost) beth a all ddigwydd.

4 Ar ôl y cysylltair *pan*:

pan **dd**aw'r (← daw) gog
pan -wylltiaist (← gwylltiaist) ti

5 Y mae *b*, *d*, *g*, *ll*, *rh*, *m* yn treiglo'n feddal ar ôl y negyddion
ni, *na*, *oni*:

ni -wyddost (← gwyddost)
na **l**add (← lladd)
oni -welais (← gwelais) i di

Weithiau gollyngir y negydd ond gan gadw'r treiglad:

-Welais (⬅ gwelais) i ddim byd yno.
Ddywedodd (⬅ dywedodd) hi ddim byd wrthyf fi.

Dydi ffurfiau amhersonol y ferf **ddim** yn achosi treiglad:

Fe **brynir ll**awer o nwyddau yn Tesco.
Gwelwyd tyrfa fawr wrth giât y cae rygbi.

Y treiglad trwynol

Ceir rhestr o'r cytseiniaid sy'n treiglo'n drwynol ar dudalen 127.

❶ Ar ôl y rhagenw *fy*:

fy **ngh**i	(← ci)
fy **mh**lât	(← plât)
Doedd o/e ddim yn hoffi *fy* **ngh**ath.	(← cath)

❷ Ar ôl yr arddodiad *yn*:

(Sylwer: *yn* + *m* ➡ *ym*; *yn* + *g* ➡ *yng*):

yn **nh**rwyn (← trwyn) y tarw
ym **M**angor (← Bangor)
yng **Ngh**aerfyrddin (← Caerfyrddin)

> **!** Y mae tuedd ddiweddar, ar lafar, i'r treiglad trwynol gael ei
> ddisodli gan y treiglad meddal ar ôl yr arddodiad *yn*. Er enghraifft:
>
> *yn* **G**aernarfon
> *yn* **D**reforys
>
> Dydi treiglo'n feddal ddim i'w gymeradwyo mewn ysgrifennu ffurfiol.

❸ Cymer yr enwau *diwrnod*, *blwydd*, *blynedd* y treiglad trwynol
ar ôl *pum*, *saith*, *wyth*, *naw*, *deng*, *deuddeng*, *pymtheng*,
deunaw, *ugain*, *can*:

pum **n**iwrnod (← diwrnod)
wyth **m**lwydd (← blwydd) oed
can **m**lynedd (← blynedd)

Y treiglad llaes

Ceir rhestr o'r cytseiniaid sy'n treiglo'n llaes ar dudalen 127.

1 Ar ôl y rhifolion *tri*, *chwe*:

tri **ph**wys   (⬅ pwys)
chwe **ch**einiog   (⬅ ceiniog)

2 Ar ôl y rhagenw *ei*, *'i*, *'w* (benywaidd):

ei **th**ŷ (⬅ tŷ)
gyda*'i* **ch**effyl (⬅ ceffyl)
Mae ei swydd newydd wedi mynd i*'w* **ph**en. (⬅ pen)

3 Ar ôl yr arddodiaid *a*, *gyda*, *tua*, ac *efo* (weithiau):

a **ph**ensel   (⬅ pensel)
gyda **th**ri   (⬅ tri)
tua **ph**en   (⬅ pen) y daith

4 Ar ôl y cysyllteiriau *a*, *na* (S. *nor, than*), *o* (S. *if,*: anaml y'i defnyddir), *oni* (S. *until, unless*):

ci *a* **ch**ath (⬅ cath)
na **th**ŷ (⬅ tŷ) *na* **th**wlc (⬅ twlc)
oni **ch**lywch (⬅ clywch) yn wahanol

5 Ar ôl y negyddion *ni*, *na*:

ni **ch**ana   (⬅ cana)
dywedodd *na* **th**alai   (⬅ talai)

Weithiau fe ollyngir y negydd ond gan gadw'r treiglad:

> **Ph**rynodd (⬅ prynodd) e mo'r beic, wedi'r cwbl.
> **Ch**lywais (⬅ clywais) i ddim smic o sŵn.

 Ar ôl yr adferf **tra**, sy'n cryfhau ystyr:

> *tra* **ch**yfoethog   (⬅ cyfoethog)
> *tra* **th**wp   (⬅ twp)

❗ Dim treiglo

Yr hen reol oedd nad ydi *ll* ac *rh* yn treiglo yn yr amgylchiadau canlynol (er eu bod yn treiglo'n rheolaidd fel arall).

Ni threiglir *ll* ac *rh* ar ôl: *y* (y fannod), ***yn***, ***un***, ***mor***, ***cyn***:

> *y* **ll**yfrgell   (nid *y* **l**yfrgell)
> *yn* **ll**onydd   (nid *yn* **l**onydd)
> *un* **rh**aw   (nid *un* **r**aw)
> *mor* **rh**wydd   (nid *mor* **r**wydd)
> *cyn* **ll**awned   (nid *cyn* **l**awned)

Ond fe geir llawer o Gymry Cymraeg sydd yn dweud, ar lafar, bethau fel:

> Y mae hwn **yn lyfr** da. (⬅ llyfr)
> Y mae hon **yn raw** ragorol. (⬅ rhaw)

Dydi'r arfer hon ddim i'w chymeradwyo mewn ysgrifennu ffurfiol, ar hyn o bryd.

'H' o flaen llafariaid

1 Ar ôl y rhagenwau canlynol fe roddir **h** o flaen llafariaid:
'm; *ei*, *'i*, *'w* (benywaidd y tri); *ein*; *eu*:

> *o'm* **h**ardal
> *ei* **h**enw
> gyda*'i* **h**ewyrth
> *ein* **h**afalau
> *eu* **h**undod

2 Ar ôl ffurfiau gwrthrychol y rhagenwau *'i*, *'u*:

> *Fe'i* **h**amddiffynnodd ef/hi.

(*Ef* sy'n ei hamddiffyn **hi**. Mae **hi** felly'n wrthrych y ferf.
Cyfeirio ati **hi** y mae'r *'i*; ac felly y mae'n wrthrych y ferf.)

> *Fe'u* **h**ysgydwodd nhw.

Goddrych a gwrthrych

Goddrych ydi'r un sy'n cyflawni gweithred. Er enghraifft:

Rwyt **ti**'n clywed.

Ti ydi'r **goddrych** am mai *ti* sy'n **gwneud y weithred** o **glywed**.

Rhedai Iolo yn y ras.

Iolo ydi'r **goddrych** am mai ef sy'n **gwneud y weithred** o **redeg**.

Fformiwla at adnabod goddrych:

Cwestiwn: '**Pwy**, neu **beth** sy'n gwneud y weithred?'

Yn ymarferol, gofynnwch **pwy**, neu **beth, ar ôl y ferf**.

Yr ateb fydd y **goddrych**. Er enghraifft:

Llyncodd Ifan farblen.

Pwy sy'n gwneud y weithred: **Pwy** a *lyncodd?*
   Ateb: Ifan.

Felly, *Ifan* ydi **goddrych** y ferf *llyncodd*.

Gwrthrych ydi'r un neu'r peth **y digwydd y weithred iddo**.
Er enghraifft:

Trawodd y car y dyn.

Y dyn ydi'r **un y digwydd y weithred** o **daro** iddo. Ef ydi
gwrthrych y ferf.

Llyncodd y fenyw domato.

Y domato ydi'r **un y digwydd y weithred** o **lyncu** iddi. Felly, y *domato* ydi **gwrthrych** y ferf.

Fformiwla at adnabod gwrthrych:

Cwestiwn: '**I bwy** neu **i beth** y gwneir y weithred?'

neu

Pwy neu **beth** + **ffurf amhersonol y ferf sydd yn y frawddeg**?

Yr ateb fydd y **gwrthrych**. Er enghraifft:

Malodd y bêl y ffenestr.

I **bwy** neu **beth** mae'r **weithred** o falu yn digwydd?

neu gofynnwch **pwy** neu **beth** *a falwyd?*

Ateb: Y ffenestr.

Felly, *ffenestr* ydi **gwrthrych** y ferf *malodd.*

Gellir, yn aml, ddod o hyd i wrthrych berf trwy ofyn **pwy?** neu **beth? o flaen y ferf**, fel hyn:

Saethodd y dyn y ci.

Beth *a saethodd* y dyn? **Ateb:** Ci. Y **gwrthrych** ydi *ci.*

Brawddegau

Y mae yna sawl diffiniad o frawddeg. Bydd hen ddiffiniad yn ddigonol at ein pwrpas ni:

> *Pan ddigwydd ffurf ieithyddol fel rhan o ffurf fwy, fe ddywedir ei bod mewn* **safle anghyflawn;** *fel arall, fe ddywedir ei bod mewn* **safle cyflawn** *ac yn llunio brawddeg.* [Leonard Bloomfield]

Beth a olyga hyn? Dychmygwch fy mod i'n ysgrifennu'r ddau air hyn ar bapur:

Nid oes

Dydi'r ystyr ynddyn nhw *ddim yn gyflawn* fel ag y maent -
Nid oes beth?

Y mae'r ddau air hyn, felly, mewn *safle anghyflawn* am nad ydyn nhw'n cyfleu ystyr cyflawn.

Dydi ymadrodd fel yna ddim yn frawddeg.

Dychmygwch, ar y llaw arall, fy mod i'n ysgrifennu'r cwestiwn a'r ateb hwn:

Pwy oedd yno ?
Wil.

Yn ei gyd-destun y mae'r un gair *Wil* (= *Wil oedd yno*) yn rhoi inni *ystyr cyflawn.* Am hynny y mae'r gair mewn **safle cyflawn,** ac am hynny y mae'n frawddeg.

Wrth ysgrifennu, y mae'n bwysig fod ein hunedau o ystyr yn gyflawn, sef, yn frawddegau. Ond weithiau y mae yna reswm da dros iddyn nhw beidio â bod, megis er enghraifft, pan fydd rhywun yn ysgrifennu deialog a bod un cymeriad yn torri ar draws y llall, fel hyn:

A.	*Mi welais i o yno.*
B.	*Nid . . .*
A.	*Ie, Sherlock Holmes.*

Mathau o frawddegau

Y frawddeg normal

Y mae brawddeg **normal** yn y Gymraeg yn **dechrau, bron yn ddieithriad, gyda berf**.

Ni ellir rhoi dim ond geiryn rhagferol (*Mi, Fe, Y*) neu eiryn rhagferfol + rhagenw mewnol (*Fe'i, Mi'i* etc.) o'i blaen:

	berf	
	Eisteddodd	y crwydryn ar y wal.
Fe	welais	i dy dad ddoe.
Y	mae	'r llong wedi suddo.
Fe'u	gwelsom	yn syrthio.

Y mae yna frawddegau heblaw'r frawddeg normal.

Y frawddeg annormal

Brawddeg Feiblaidd yn unig ydi hon i'r rhan fwyaf ohonom. Y mae hi'n dechrau fel hyn:

A'r Iesu a lefarodd wrthynt . . .
A hwy a aethant oddi yno . . .
Myfi a welais . . .

Dydi'r frawddeg hon ddim yn dilyn trefn normal brawddeg
Gymraeg, a dydi hi ddim yn ceisio rhoi pwyslais ar y goddrych,
sef yma, ar *Iesu,* neu *hwy,* neu *myfi.*

Y frawddeg gymysg

Pwysleisio ydi pwrpas y frawddeg hon. Gadewch inni ddechrau
gyda brawddeg normal, fel hyn:

Aeth y gath i ben y polyn.

Os ydym am **bwysleisio** gwahanol elfennau (heblaw'r ferf),
yna fe fyddai'n rhaid inni newid trefn y geiriau yn y frawddeg
(eu cymysgu) fel hyn:

Y gath a aeth i ben y polyn.
(Y gath a aeth, nid ci neu iâr.)

I ben y polyn yr aeth y gath.
(Nid i ganol y polyn, neu dri chwarter
y ffordd i fyny yr aeth y gath.)

Fe welwch mai'r drefn sylfaenol mewn brawddeg gymysg ydi hyn:

1	2	3	4
elfen i'w phwysleisio	rhagenw perthynol	berf	gweddill y frawddeg
Y gath	*a*	*aeth*	*i ben y polyn.*

Y frawddeg enwol bur

Brawddeg heb ferf ynddi ydi hon: y mae'n cynnwys traethiad
(fe'i gelwir yn 'ddibeniad' hefyd) a goddrych. Fe'i ceir, gan amlaf,
mewn dywediadau neu ddiarhebion:

Hir pob aros.

Hir = **traethiad**   *pob aros* = **goddrych**

Cyfaill blaidd: bugail diog.

Cyfaill blaidd = **traethiad**   *bugail diog* = **goddrych**

Mewn gwirionedd, brawddeg a ffurf o'r ferf *bod* wedi ei gadael ohoni ydi hon. Gallwn roi'r ferf i mewn, fel hyn:

Hir [yw/ydi] pob aros.

Cyfaill blaidd [yw/ydi] bugail diog.

Y frawddeg enwol amhur

Brawddeg gydag un o ffurfiau'r ferf *bod* yn unig ynddi ydi hon. Am fod yna **ffurf ferfol** ynddi, fe ddywedir ei bod yn 'amhur'.

Hir	*yw/ydi*	*pob aros.*
goddrych	ffurf ar <u>bod</u>	

Y frawddeg seml

Brawddeg gydag **un cymal**, neu un uned, ynddi ydi **brawddeg seml**. Yn ymarferol, y mae un ferf ym mhob cymal, fwy na heb:

Gwelais ddyn ddoe.

Lladdodd yr arth y teithiwr.

Y frawddeg gymhleth

Brawddeg ac ynddi **fwy nag un cymal**, neu uned, ydi **brawddeg gymhleth**. Er enghraifft:

1	2	
Rhuthrodd y plentyn	a *dorrodd* y ffenestr	o'r iard.

Cymal un ydi: **Rhuthrodd** y plentyn ... o'r iard

Cymal dau ydi: a **dorrodd** y ffenestr

Gwelwn fod yna **un ferf ym mhob cymal**.

Y mae'r ysgrifennwr deheuig yn gallu amrywio ei frawddegau, a thrwy hynny'n helpu i ddal sylw ei ddarllenydd. Ystyriwch y ddau ddarn canlynol fel enghraifft o hyn:

(a) Y *mae'n ddiwrnod braf. Y mae'r adar yn canu ar y brigau. Y mae ŵyn bach yn prancio'n llon yn y caeau. Y mae hi'n wanwyn ac y mae'r byd yn deffro.*

(b) *Y mae'n ddiwrnod braf. Ar y brigau y mae'r adar yn canu, yn y caeau y mae ŵyn bach yn prancio'n llon. Gwanwyn yw hi, ac y mae'r byd yn deffro.*

Yn ffurf y brawddegau'n unig y mae amrywiaeth y ddau ddarn uchod. Gallai ysgrifennwr creadigol newid y cynnwys hefyd fel ei fod yn rhoi cryfach argraff o ddeffro'r gwanwyn. Ond does dim rhaid bod yn ysgrifennwr creadigol i ysgrifennu'n effeithiol.

Cymalau

Darnau, neu unedau mewn brawddeg ydi **cymalau**. Os ystyrir fod brawddeg yn adeilad, yna brics o ryw fath ydi'r cymalau.

Fel arfer (ond nid yn ddieithriad) y mae un ferf i bob cymal.

Fe *italeiddiwyd* y berfau isod. Enwir y cymalau yn ôl y gwaith a wnânt.

Prif gymal

Fe ddechreuwn gyda brawddeg:

> *Gwelais* y dyn.

Os ychwanegwn ati hi, fel isod, y mae'r frawddeg hon yn troi'n **brif gymal**.

Cymal cydradd

Weithiau ceir mwy nag un prif gymal. Pan fydd hyn yn digwydd, gelwir yr ail yn **gymal cydradd**. Fel rheol, cysylltir y cyntaf o'r prif gymalau wrth y rhai sy'n dilyn â'r **cysyllteiriau** (geiriau sydd yn cysylltu) hyn: *a, ac*; *neu*; *ond*.

Ychwanegwn at ein brawddeg, un cymal yn gyntaf, er mwyn cael cymal cydradd:

Gwelais y dyn | **a** *gwelais* ei wraig.
prif gymal | cymal cydradd

Gwelais y dyn | **ond** ni *welais* ei wraig.
prif gymal | cymal cydradd

Gall y ddau gymal hyn sefyll ar eu pennau eu hunain i bob pwrpas:

Gwelais y dyn. | *Gwelais* ei wraig.
Gwelais y dyn. | Ni *welais* ei wraig.

Gallwn ad-drefnu'r cymalau:

Gwelais ei wraig | a *gwelais* y dyn.
prif gymal | cymal cydradd

Ni *welais* ei wraig | ond *gwelais* y dyn.
prif gymal | cymal cydradd

! sylwer:

Gellir cael mwy nag un cymal cydradd mewn brawddeg, fel hyn:

Gwelais y dyn | **a** *gwelais* ei fab, | **ond** ni *welais* ei wraig.

Cymalau isradd

Enwau eraill ar **gymalau isradd** ydi **is-gymalau** neu **gymalau dibynnol**.

Cymalau nad ydyn nhw mor sylfaenol mewn brawddeg â phrif gymal neu gymal cydradd ydi'r rhain. Fel arfer, y maen' nhw'n **dibynnu** ar y prif gymalau neu gymalau cydradd. Y mae tri phrif math o gymal isradd:

❶ Y cymal ansoddeiriol

! sylwer:

Fe'i gelwir yn **gymal perthynol** hefyd.

Y mae cymal o'r fath yn dweud rhywbeth sy'n **perthyn** i **enw** (dyna pam y gelwir o'n gymal **perthynol**) mewn prif gymal, neu mewn cymal cydradd. Hynny ydi, **y mae'n gwneud yr un gwaith ag ansoddair.**

Dyma'r wraig | **a** *syrthiodd* i'r afon.

Y mae *a syrthiodd i'r afon* yn dweud rhywbeth sy'n **perthyn** i'r enw *gwraig*; y mae'n dweud rhywbeth wrthym am yr enw, fel y mae **ansoddair** yn gwneud.

Dechreuir cymalau fel hyn yn aml gyda'r rhagenwau perthynol cadarnhaol (Adran 12) *a*, *y*, *yr*, *'r* neu'r negyddol *na*, *nad*.

! sylwer:

Fel y dywedwyd o'r blaen, y mae'r berfau **sydd** a **piau** yn cynnwys elfen berthynol, ac felly ni ellir dweud **a sydd** neu **a biau**. Gallant, hefyd, ddechrau cymal ansoddeiriol.

enghreifftiau:

Prif gymalau a chymalau ansoddeiriol:

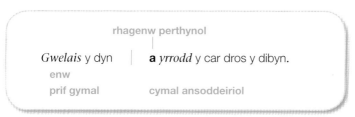

Gwelais y dyn | **a** *yrrodd* y car dros y dibyn.

rhagenw perthynol

enw

prif gymal cymal ansoddeiriol

Rhybudd: Yn bur aml fe ollyngir y rhagenw perthynol o frawddeg, ond cedwir y treiglad y mae'n ei achosi, fel hyn:

> *Gwelais* y wraig | *'ddewiswyd* yn frenhines yr ŵyl.
> [= **a** ddewiswyd]
>
> enw
>
> prif gymal   cymal ansoddeiriol

> rhagenw perthynol
>
> Hon *yw'r* wraig | **y** *gwelwyd* ei merch ar y teledu.
>
> enw
>
> prif gymal   cymal ansoddeiriol

Enghraifft o gymal ansoddeiriol negyddol:

> rhagenw perthynol negyddol
>
> *Gwelais* y dyn | **na** *wnaeth* ddim i'n *helpu*.
>
> enw
>
> prif gymal   cymal ansoddeiriol

> rhagenw perthynol negyddol
>
> Hwn *ydi'r* dyn | **nad** *arhosodd* yno ar ôl y ddamwain.
>
> enw
>
> prif gymal   cymal ansoddeiriol

❷ Y cymal enwol

Gwneud yr un gwaith ag <u>enw</u> y mae'r cymal hwn. Y mae'n gweithredu fel **gwrthrych berf** sydd yn y prif gymal, neu mewn cymalau cydradd.

Dechreuwn gyda brawddeg a dim ond un cymal ynddi:

> **Dywedodd** y dyn gelwyddau.
> *Dyn* = **enw**, goddrych y ferf *dywedodd.*

Fe gofiwch y fformiwla at adnabod gwrthrych, sef, gofyn i **bwy** neu **beth** y digwyddodd y gweithgarwch, neu gallwn ofyn, 'Beth a ddywedwyd?' Yr ateb ydi: *celwyddau.* Yr enw hwn, felly, ydi gwrthrych y ferf *dywedodd.*

Dyma'r ail frawddeg:

> *Dywedodd* y dyn | **y** *gwnâi*'r gwaith am bunt.
> prif gymal | cymal enwol

Gofynnwn ein cwestiwn, 'Beth a ddywedwyd?' eto, a gwelwn **nad un gair** ydi ein hateb, ond darn o frawddeg sy'n cynnwys berf, sef:

> **y** *gwnâi'r gwaith am bunt.*

Dyma inni gymal sydd yn gwneud yr un gwaith ag enw, ac sy'n wrthrych y ferf *dywedodd* a geir yn y prif gymal.

> *Credaf* | **y** *bydd* tyrfa fawr yn y gêm.
> prif gymal | cymal enwol

Gofynnwn ein cwestiwn, '**beth** a gredir?' Yr ateb ydi:

> **y** *bydd tyrfa fawr yn y gêm.*

Dyma inni gymal sydd yn gwneud yr un gwaith ag <u>enw</u>, ac sy'n wrthrych y ferf *credaf* a geir yn y prif gymal.

Gwn | **na** *chlywais* erioed ganu fel hyn.

prif gymal   cymal enwol

Gofynnwn ein cwestiwn, '**Beth** a wyddir?' Yr ateb ydi:

> **na** *chlywais erioed ganu fel hyn.*

Dyma gymal enwol negyddol.

! sylwer:

(a) Dyma sut y mae defnyddio'r ferf **bod** yn y presennol mewn cymalau enwol:

> *Gwelaf* | **fod** y llong wedi suddo.
>
> prif gymal   cymal enwol

(b) Y mae defnyddio **bod + mae** yn gwbl anghywir; defnyddiwch **mai.**

> *Credaf* | **mai** hwn *ydi'r* dyn talaf a welais erioed.
>
> ✔ **cywir**

> *Credaf* | **bod mae** hwn y dyn talaf a welais erioed.
>
> ✗ **anghywir**

Y mae **mai** yn cyfleu'r hyn a fynegir gan *that is* y Saesneg:

> *I believe* | **that** *this* **is** *the tallest man I have ever seen.*

❸ Y cymal adferfol

Gwneud yr un gwaith ag **adferf** y mae'r cymal hwn. Yn ymarferol, **ychwanegu at ein gwybodaeth am ferf** y mae, gan amlaf.

enghreifftiau:
Ystyriwn frawddeg un cymal ac ynddi adferf:

> Yr *oedd yn rhedeg* | yn dda.
>   **adferf**

Y mae'r adferf, *yn dda,* yn dweud rhywbeth wrthym am y ferf, sut y *rhedwyd.*

Fe wnawn ni frawddeg ac ynddi fwy nag un cymal:

> Yr *oedd yn rhedeg* | fel pe *bai* llew ar ei ôl.
> **prif gymal**   **cymal adferfol**

Gwelir fod y **cymal adferfol** yn gwneud yr un gwaith yn union ag adferf. Yma, y mae'n ychwanegu at ein gwybodaeth ynglŷn â sut y *rhedwyd.*

> Yr *oedd yn chwarae* dros Gymru | **cyn** iddo *gael ei anafu.*
> **prif gymal**   **cymal adferfol**

Yma, eto, fe welwn fod y cymal adferfol yn ychwanegu at ein gwybodaeth am y weithred o *chwarae.*

Y mae cymalau adferfol yn gallu **nodi manylion** am y ferf neu'r gweithgarwch sydd mewn brawddegau trwy ddefnyddio cysyllteiriau cywir i gyflwyno'r cymalau. Er enghraifft, gallant roi gwybodaeth am:

(a) **Rheswm** (Pam?):
Gan ddefnyddio cysyllteiriau fel *am*, *o achos*, *oherwydd*, *gan*, *er*, *rhag ofn*:

> *Aeth* adref | **am** ei *fod yn teimlo*'n sâl.

(b) **Amser** (Pryd? Pa mor hir?):

Gan ddefnyddio cysyllteiriau fel *cyn*, *nes*, *tan*, *ar ôl*, *ers*, *hyd*:

Rhedodd o'r cae | **cyn** i neb *fedru ei ddal.*
Arhosodd yn y tŷ | **nes** *iddo glywed* y gang yn mynd oddi yno.

(c) **Lle** (Ymhle?):

Gan ddefnyddio cysyllteiriau fel *lle*, *gerllaw*, *wrth (ymyl)*:

Syrthiodd | **lle**'r *oedd* pentwr o gerrig.

(ch) **Amod**:

Fe *ddof* | **os** na *fyddaf* yn rhy brysur.

(d) **Dull** (Sut?):

Gyrrodd y car | **fel** pe *bai* o'i gof.

! sylwer:

Gellir cael amryw gymalau mewn brawddeg, rhai cydradd ac isradd.

enghraifft:

O'r lle y *safwn* yn *syllu* dros y wlad | *gallwn glywed* y peiriannau |
       cymal adferol   **prif gymal**

a *oedd* yn y dyffryn | **ac a** *oedd* wrthi'*n rhwygo'r tir.*
  cymal ansoddeiriol 1   **cymal ansoddeiriol 2**

Gwelwch nad oes rhaid i'r prif gymal ddod yn gyntaf mewn brawddeg.

Y mae'r **cymal adferfol** uchod yn dweud mwy wrthym am y geiriau *gallwn glywed* sydd yn y prif gymal.

Y mae'r **cymal ansoddeiriol cyntaf** yn dweud mwy wrthym am yr enw, *peiriannau,* sydd yn y prif gymal.

Y mae'r **ail gymal ansoddeiriol** hefyd yn dweud mwy wrthym am yr un enw, *peiriannau,* sydd yn y prif gymal.

 Os cewch drafferth wrth enwi cymalau, peidiwch â phryderu am hynny. Y peth pwysicaf ynglŷn â chymalau ydi ein bod yn sylweddoli eu bod yn **rhannau o frawddegau**. Medru eu rhoi wrth ei gilydd ydi'r peth pwysig. Fe all y ffaith ein bod yn gwybod am frics cyfansoddiad (**cymalau**) olygu y byddwn ni'n medru adeiladu cyfanweithiau o frawddegau'n well.

Cystrawen

Enw ydi **cystrawen ar drefn a chysylltiad geiriau gyda'i gilydd i gyfleu ystyr,** sef enw ar y ffordd y mae ystyr wedi'i fynegi mewn iaith.

Ystyriwch y brawddegau hyn fel enghreifftiau o'r hyn ydi cystrawen:

Trawodd	*y bachgen*	*y bêl.*
berf	goddrych	gwrthrych

S.	*The boy*	*struck*	*the ball.*
	goddrych	berf	gwrthrych

Y mae'r ddwy frawddeg hyn yn dangos inni **gystrawen** brawddeg normal yn y Gymraeg ac yn y Saesneg. Gwelir fod gwahaniaeth yng nghystrawen y ddwy frawddeg:

yn y Gymraeg, y <u>ferf</u> sy'n dod gyntaf yn arferol;

ond yn Saesneg, y **goddrych** sy'n dod gyntaf yn arferol.

Wrth gyfieithu, y mae'n bwysig rhoi sylw i'r **gwahaniaeth** sydd yna rhwng cystrawen gwahanol ieithoedd. Un ffordd dda o wneud hyn ydi darllen brawddeg yn y gwreiddiol yn gyfan cyn mynd ati i gyfieithu.

Efallai y bydd y ddwy enghraifft ganlynol yn help i egluro cystrawen ymhellach.

1 Lawer blwyddyn yn ôl roedd yna ddyn yn arfer mynd o gwmpas i werthu pysgod. Ei waedd arferol oedd, "*Fresh fish*". Dywedodd rhywun wrtho, "Cymry ydym ni, gwaedda yn Gymraeg". Heb betruso, dyma'r gwerthwr yn gweiddi, "*Ffish ffresh*". Yr hyn a wnaeth o oedd **newid cystrawen** heb newid y geiriau Saesneg.

2 Y mae'n arferol clywed plant heddiw'n dweud, "*Cap fi*". Gellir esbonio hyn fel dylanwad y Saesneg: y mae'n gweithio fel hyn – "*my cap*" a ddywedid yn y Saesneg. Yr arfer yn y Gymraeg yw dweud, "*Fy nghap*," neu "*Fy nghap i*". Yr hyn sydd wedi digwydd yn "*Cap fi*" ydi fod y gystrawen Gymraeg wedi ei chadw, ond patrwm gramadeg y Saesneg wedi ei fabwysiadu – gan gael gwared ar y rhagenw blaen, *fy*, a'r treiglad *c* ➡ *ngh* sy'n ei ddilyn.

Priod-ddulliau
(Idiomau)

Y mae'r gair **priod-ddull** ac **idiom** yn golygu'r un peth yn y bôn. Yr hyn y maen' nhw'n ei olygu ydi *perthyn yn unig i rywun neu rywbeth*. Priod-ddulliau'r Gymraeg ydi'r dywediadau a'r ymadroddion hynny sy'n perthyn yn unig i'n hiaith ni.

Yn ymarferol, rhaid cymryd yr *yn unig* hwn dipyn yn llac oherwydd fod yn y Gymraeg a'r Saesneg nifer o briod-ddulliau cyffredin.

Ein ffordd ni, fel Cymry, o ddweud ydi ein **priod-ddulliau**.

Y mae ein priod-ddulliau wedi codi o ffordd ein pobl o fyw trwy'r canrifoedd, ac o ddychymyg ein pobl. Weithiau y mae ystyr priod-ddull yn llythrennol, ac weithiau'n drosiadol, er enghraifft:

mynd â'i ben iddo = dadfeilio.
Yn llythrennol, golyga fod y to'n disgyn i mewn i adeilad.
Y mae'r hen furddun yn prysur fynd â'i ben iddo. (llythrennol)

cau pen y mwdwl = terfynu.
Yn llythrennol, golyga glymu pentwr crwn o wair neu ŷd.
Y mae hi'n tynnu am wyth o'r gloch, a rhaid imi gau pen y mwdwl. (trosiadol)

llygad y ffynnon = ffynhonnell, neu'r lle y mae rhywbeth yn dechrau.
Ar ôl clywed llawer o sibrydion am ladrata defaid euthum i lygad y ffynnon, sef at y plismyn, i gael gwybodaeth gywir. (trosiadol)

Gan mai cymdeithasau gwledig oedd yng Nghymru hyd at y Chwyldro Diwydiannol, dydi hi ddim yn syndod gweld mai o gefndir felly y daw llawer iawn o'n hidiomau. Ond y mae gennym ni amryw o idiomau sydd yn dod o fyd diwydiant hefyd, diwydiannau fel y chwareli a'r pyllau glo.

Yn y wlad, y dywediad am rywun oedd yn awyddus i gael ei weld ac i fod yn bwysig oedd:

> Y mae o'n dipyn o geffyl blaen. (trosiadol)

Yn ardal y chwareli dywedid:

> Y mae o fel wagan gynta'r rýn [S. *run*]. (trosiadol)

am yr un math o berson. Y wagan sydd ar flaen rhes (neu S. *run*) o rai eraill ydi'r wagan gyntaf, wrth gwrs.

Y mae'n debyg mai yn Saesneg America y datblygodd llawer iawn o'r idiomau hynny sy'n **deillio o fywyd dinesig**. Fe all y rhain swnio'n fodern a ffasiynol i lawer o bobl ifainc.

enghreifftiau:

> Park yourself right here, buddy.
> She was a real dish.   (Am ferch brydferth.)
> What's your racket?

Y mae yna lawer o idiomau sydd yn ffasiynol **dros dro**, ac wedyn yn darfod. Faint o oes sydd i rai o'r rhain, tybed?

> Straight from the fridge.
> Too cool for school.

Y mae'r priod-ddull hwn yn tarddu o un o hoff eiriau pobl ifainc,
ar un adeg, i gymeradwyo rhywbeth trwy ddweud ei fod yn *Cool*.

He hasn't got a lot of bottle.

Golyga hyn nad oes gan rywun fawr o galon, neu ysbryd.

Byddai'n syniad da ceisio hel idiomau **modern** Cymraeg, neu
geisio creu rhai.

Cyfieithu

Y mae'n bwysig nad ydym ni ddim yn defnyddio idiomau Saesneg,
na dulliau Saesneg o fynegi wedi eu cyfieithu'n llythrennol i'r
Gymraeg gan fod gennym ni ein ffordd ni ein hunain o ddweud.

Rhai enghreifftiau

Derbyniol ✔	Annerbyniol ✗
cymaint	mor gymaint (S. *so much, so many*)
darganfod/dod o hyd	ffeindio allan (S. *find out*)
datrys y broblem	gweithio'r broblem allan (S. *work out*)
gormod	rhy gormod
gwisga dy gôt	rho dy gôt ar
gwrthod y cynnig	troi i lawr y cynnig (S. *turn down the proposal*)
mae arna' i ofn	dw i'n ofn (S. *I'm afraid*)
mae'r pris wedi codi	mae'r pris wedi mynd i fyny (S. *gone up*)
nifer wedi gostwng	nifer i lawr (S. *numbers are down*)
penderfynu	gwneud ei feddwl/meddwl i fyny
treulio amser	gwario amser (S. *spend time*)
wedi nodi'r ffeithiau	wedi edrych y ffeithiau i fyny (S. *to look up the facts*)
weithiau	rhai weithiau (S. *sometimes*)
yn brydlon	ar amser
ysgrifennu	ysgrifennu i lawr (S. *write/take down*)

Y mae *adnabod* yn golygu *bod yn gyfarwydd* â rhywun neu rywbeth; y mae *gwybod* yn golygu bod yn gydnabyddus â ffaith neu ffeithiau:

Rydw i'n **adnabod** y dyn yna.
Rydw i'n **adnabod** yr arwyddion.
Y mae o'n **gwybod** yn iawn pwy oedd yn yr ystafell.
Mi fydd yn **gwybod** yn well y tro nesaf.

Atalnodi

Y mae diffyg atalnodi, neu atalnodi blêr, yn gallu creu anawsterau o ran deall ystyr gwaith ysgrifenedig. Helpu i fynegi ystyr yn eglur a wna atalnodi da.

Nodau seibiau

1 [,] **Atalnod** (coma)

Y mae'n dynodi saib byr. Fe'i defnyddir yn gyffredin:

- i wahanu eitemau sydd yn digwydd mewn rhes:
  Prynais jam, siwgr, llefrith, a theisen.
- i wahanu elfennau gramadegol mewn brawddeg:
  Beth, felly, oedd uchafbwynt yr ŵyl?
- fe geir atalnod cyn dyfynnu geiriau sy'n cael eu llefaru:
  Dyma Idris yn dweud, "Welais i erioed y fath beth."
- mewn saib yn y llefaru:
  "Dechrau'n unig," meddai, "ydi'r hyn yr ydym ni am ei wneud i'r ffordd osgoi."

2 [;] **Hanner colon** (hanner gwahan-nod)

Y mae'n dynodi saib hwy, neu hirach na'r atalnod. Gall ddynodi diwedd cymal, neu gall ddangos gwahaniadau eithaf sylweddol mewn brawddeg.

Y mae cwmnïau Cymreig erbyn hyn yn rhedeg bysus i'r Cyfandir; fe ddylid eu cefnogi.

Y mae eu Saesneg nhw'n sâff; fe ofalodd yr ysgol am hynny.

❸ [:] **Colon** (gwahan-nod)

Y mae'n dynodi saib hwy, neu hirach fyth. Gellir ei defnyddio i ddynodi:

- fod rhes neu gyfres ar ddechrau:

    Dyma oreuon yr eisteddfod: yr awdl, y stori fer, y traethawd gwyddonol.

- fod esboniad yn dilyn:

    Dinasyddiaeth deg: dyma ydi nod amgen y broses a ddigwyddodd yn natblygiad y Cynulliad yng Nghaerdydd.

❹ [.] **Atalnod llawn**

- Y mae'n dynodi'r saib hwyaf, neu hiraf un, sef diwedd brawddeg, un nad ydi hi'n cynnwys cwestiwn (?) neu ebychiad (!):

    Heddiw, gwelir llawer o bobl yn heidio i'r cyfandir yn yr haf.

- Fe'i ceir hefyd mewn rhai talfyriadau:

    etc. am et cetera = ac yn y blaen

    ibid. am ibidem = yr un

❺ [' ... '] **Dyfyn-nodau sengl**

Rhoddir hwy:

- am ddyfyniad:

    Dywedodd Mr Jones am ei lyfr, *Y Cyfarwyddiadur*: 'Yr wyf yn gobeithio y bydd pobl yn anfon unrhyw welliannau ataf fi trwy e-bost.'

- am deitl erthygl neu ysgrif:

> Datganiad dewr o annibyniaeth o fath arall,
> annibyniaeth ymwybodol, a geir yn 'Cerrig y Rhyd',
> stori olaf *Y Goeden Eirin.*

❻ [" ... "] Dyfyn-nodau dwbl

Rhoddir hwy am eiriau sy'n cael eu llefaru gan bersonau, neu am ddyfyniad sy'n digwydd o fewn dyfyniad a geir mewn dyfyn-nodau sengl.

(Weithiau fe geir rhai llyfrau printiedig yn amrywio defnydd y dyfyn-nodau sengl a dwbl.)

> Dywedodd Mr Charles, "Dydi'r hyn a glywais
> i ddim yn wir."

❼ ['] Collnod

Y mae'n dynodi bod llythyren neu lythrennau wedi eu gollwng o'r hyn a ysgrifennwyd:

gyda + yr	➡	*gyda'r*
gwyddai + yn iawn	➡	*gwyddai'n iawn*
aeth i + ei dŷ	➡	*aeth i'w dŷ*
gyda + ein gilydd	➡	*gyda'n gilydd*

❗ sylwer:

Y mae *eto'i gyd* yn **anghywir**, gan nad oes dim wedi ei golli (nid *ei* ydi'r *'i* yma): *eto i gyd* sy'n **gywir**.

❽ [. . .] Cyfres o ddotiau

Y mae'n dynodi bod ymadrodd neu frawddeg:

- heb ddarfod:

> Credaf fod modd i'r ddwy blaid ddod at ei gilydd,
> ond pwy a ŵyr ...

- bod saib rhwng ymadroddion:

  Ro'n i'n nabod ych tad yn iawn ... 'i weld o'n y
  Banc wyddoch chi ... Biti garw ichi'i golli o ... Mae
  o'n beth annifyr.

⑨ [( )] Cromfachau

Maen' nhw'n cau am eiriau a leferir gyda llaw, neu wrth
fynd heibio:

Mae'n ymddangos mai math o chwarae ditectif yw
darllen barddoniaeth i fod. Wedi darganfod y 'corff'
(sef y gerdd gyfan), pendroni uwchben y 'cliwiau'
(y delweddau), ystyried y 'rhai a amheuir' (yr ystyron
amlwg, arwynebol), ac o'r diwedd cyrraedd y
'datrysiad' (sef ystyr greiddiol y gerdd – a all fod
yn gwbl wahanol, wrth gwrs, i'r ystyr a fwriadodd
y bardd ei hun).

⑩ ([ ]) Bachau petryal

Fel rheol, y maen' nhw'n cau am bethau nad ydyn nhw'n rhan
o eiriau'r awdur. Er enghraifft, fe allwch eu defnyddio i esbonio
gair mewn dyfyniad:

Aeth y dyn [y brenin] o gwmpas y wlad i ymweld
â'i ddeiliaid.

⑪ [– –] Pâr o linellau

Y mae'r rhain hefyd, fel cromfachau, i'w cael am eiriau sy'n
cael eu dweud gyda llaw, neu wrth fynd heibio:

Byddai dod â bleiddiaid gwyllt yn ôl i'r Alban yn adfer
rhywfaint o'r drefn sydd yn naturiol i'r dirwedd, ac yn
dangos parodrwydd i gyd-fyw – â chymorth ffensys
diogel, wrth gwrs – gydag ysglyfaethwyr ffyrnig.

⓬ [–] **Un llinell**

Y mae'n dynodi rhyw ganlyniad neu gyflawniad i ymadrodd,
neu ychwanegiad ato.

> Y gŵr rhyfedd hwn – siglai ei freichiau yn yr awyr,
> chwysai'n orfoleddus, a cheisiai weiddi o'n blaen
> am ryfeddodau na welai neb arall mohonyn nhw.

⓭ [!] **Ebychnod**

- Y mae'n dynodi syndod:
  > Dwyt ti erioed yn dweud!

- ymgais i alw sylw:
  > Wfft iddynt!

- neu awgrym o eironi (sef na olygir y geiriau yn eu hystyr
  lythrennol):
  > Rhwyfo o Dover i India - dyna ydi syniad athrylithgar!
  > (Eironig)

Os gor-ddefnyddir yr ebychnod y mae'n colli ei rym.

⓮ [?] **Marc cwestiwn**

Yn syml iawn, fe'i ceir ar ddiwedd cwestiwn:

> A ydym ni'n mynd allan heno?
> Pwy sydd wedi colli llaeth ar y llawr?

⓯ [^] **Acen grom**

Y mae'n dynodi llafariad hir, ond **does yna ddim acen grom
uwchben pob llafariad hir.** (Adran 36)

16 Llythrennau *italig*

Defnyddir y rhain i ddynodi:

- teitlau llyfrau:

    Un o nofelau ditectif gorau'r Gymraeg ydi *Dirgelwch Gallt y Ffrwd*.

- teitlau cylchgronau:

    Yn y cylchgrawn *Taliesin* y cyhoeddwyd y stori.

! sylwer:

Os yw'r frawddeg wreiddiol mewn llythrennau italig, yna fe nodir teitlau mewn teip arferol:

Un o nofelau gorau'r Gymraeg ydi Dirgelwch Gallt y Ffrwd.

- geiriau o ieithoedd estron:

    Yn y bôn roeddwn yn troi o fod yn *enfant terrible* i fod yn *bête noire*.

- i dynnu sylw arbennig at eiriau:

    Yr oedd yn *mynnu* mai ef oedd yn iawn.

17 [-] Cysylltnod

Defnyddir hwn i ddangos cysylltiad rhwng dwy elfen sy'n perthyn yn agos at ei gilydd; fel arfer, y berthynas rhwng dau air:

di-ben; manwl-ystyried; mynych-dramwyo

Dyma'r ffordd i benderfynu a oes cysylltnod i fod rhwng geiriau.

Ystyriwch a oes yna fwy nag un pwyslais, neu fwy nag un acen mewn cyfuniad o eiriau: os oes, yna y mae arnoch angen cysylltnod.

! sylwer:

Gellir dynodi dwy elfen mewn dau ddull gwahanol, **yn ôl eu hynganiad**.

enghreifftiau:

dison: fel yn y llinell o gynghanedd: *Y dison ymadawsant.*

di-sôn: *Y mae o'n ddigon di-sôn-amdano.*

cyntafanedig: Does dim pwyslais yma ar y *cyntaf.*

cyntaf-anedig: Yma y mae yna bwyslais ar y *cyntaf.*

Fe all diffyg cysylltnodau arwain at ynganiadau go ryfedd.
Dyna ichi'r enw lle: *Penyberth.* Y mae hwn yn cael ei ynganu fel:

Penyberth

Fyddai hyn ddim yn digwydd pe bai'r enw wedi ei ysgrifennu fel:

Pen-y-berth

Dyna ichi'r enw Cymraeg am *Cambridge*, wedyn: fel C*aergrawnt*
y mae hwn yn cael ei ysgrifennu. Os felly yr ynganiad fyddai:

Caergrawnt

Dylid ysgrifennu'r gair gyda chysylltnod i gael yr ynganiad cywir:

Caer-grawnt

Ond ni ddilynir yr egwyddor hon yn gyson, a chawn *Caerdydd*
am yr ynganiad *Caer-dydd,* er enghraifft, neu *Penygroes* am yr
ynganiad *Pen-y-groes.*

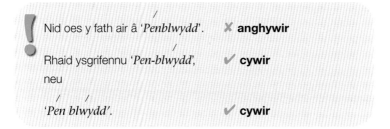

Nid oes y fath air â '*Penblwydd*'. ✗ **anghywir**

Rhaid ysgrifennu '*Pen-blwydd*', ✔ **cywir**
neu

'*Pen blwydd*'. ✔ **cywir**

Pwyslais

Ystyriwch y ffurfiau hyn:

i mi ac *imi* (ac *i ni* ac *inni; i chi* ac *ichi*)

I mi y mae'r llythyr hwn wedi ei gyfeirio.
Erbyn **imi** gyrraedd y neuadd roedd pawb wedi mynd adref.

Yn y frawddeg gyntaf y mae yna bwyslais ar *mi* ac nid neb arall.

Yn yr ail frawddeg, does yna ddim pwyslais arbennig ar *mi.*

🔞 [` ´] Acenion

Fe roddir acenion ar rai geiriau. Dyna inni'r **acen ddyrchafedig** (neu *lem*), fel sydd ar yr *a* nesaf hon, *á*. Bwriwch ein bod ni'n ysgrifennu'r gair *caniatau* fel yna: byddem yn disgwyl i'r acen syrthio ar y goben, y sillaf olaf ond un, fel sy'n arferol yn y Gymraeg, ac fe fyddem yn dweud *caniátau*. Er mwyn rhoi'r aceniad cywir i'r gair, rhaid inni ei nodi ag acen ddyrchafedig, fel hyn: *caniatáu*.

Yr acen arall ydi'r **acen ddisgynedig** (neu *leddf*, neu *drom*), fel sydd yn yr *o* nesaf hon, *ò*. Dywedwch fy mod i am *nodio* ar rywun, yna fe fyddwn yn rhoi *nòd*. Y mae hyn yn gwahaniaethu rhwng y gair hwn a *nod*, fel sydd yn *cyrchu at y nod*. Fel y gwelwch, y mae'r acen yn dynodi llafariad fer. (Mewn gwirionedd, byddai modd dynodi'r gwahaniaeth trwy beidio â rhoi acen ar yr *o* fer, a rhoi acen grom ar yr *o* hir: *nod* a *nôd*. Ond fel arall y mae hi!)

⓳ [¨] Didolnod

Dyma'r arwydd a ddodir uwchben llafariad sy'n nesaf at un arall. Y mae'n golygu:

- fod yna saib rhwng y llafariaid:

crëwr:	ynganer	➡	*cre-wr*
troëdig:	ynganer	➡	*tro-edig*

- neu fod y llafariad o dan yr arwydd yn cael ei hailadrodd:

ffansïo:	ynganer	➡	*ffansi-io*
storïau:	ynganer	➡	*stori-iau*
gweddïo:	ynganer	➡	*gweddi-io*
cwmnïau:	ynganer	➡	*cwmni-iau*

> **!** *ysbïo*:   ynganer ➡ *ysbi-io*
>
> Ond nid oes didolnod uwchben yr *i* yn *sbio*.
>
> Yr ynganiad ydi *sbi-o*, ac nid *sbi-io*.

enghraifft
o wahaniaeth ynganiad:

> Y mae yna nifer o **loriau** [lluosog *llawr*] yn yr adeilad yna.
> Y mae yna nifer o **lorïau** [*lori-iau*] yn y maes parcio.

> **!** Y mae un gair efo didolnod sydd yn edrych yn rhyfedd iawn, sef *caeëdig*. Y mae fel pe bai yn hwn dair *e* ➡ *cae-e-edig*.

Orgraff

Orgraff yr iaith Gymraeg ydi'r ffordd o'i sillafu wrth ei hysgrifennu. Fe geir y manylion yn *Orgraff yr Iaith Gymraeg,* a gyhoeddwyd yn 1928. Y cwbl a wneir yma ydi cyffwrdd yn ofalus â'r pwnc.

Y broblem i'w datrys yn *Llyfr yr Orgraff* oedd hon: dod o hyd i safon o ysgrifennu Cymraeg; dod o hyd i ddull safonol o ddynodi seiniau llafar. Petaem ni i gyd yn ysgrifennu fel yr ydym ni'n siarad, ni fyddai yna safon o ysgrifennu Cymraeg yn bod. Y rheswm am hyn ydi fod gennym ni dafodieithoedd, a bod yna wahaniaethau rhwng ynganiadau rhannau o'n gwlad.

enghreifftiau:

> Otichi'n mind miwn nawr?
> Ydachi'n mund i mewn rŵan?

Y mae'r argymhellion a geir yn *Llyfr yr Orgraff* yn ffordd o atal y Gymraeg rhag troi'n bentyrrau o ffurfiau tafodieithol. Felly, y ffordd safonol o ysgrifennu hyn ydi:

> *Ydych chi'n mynd i mewn yn awr/rŵan?*

Y mae ieithyddion yn defnyddio'r hyn a elwir yn Wyddor Ffonetig Ryngwladol i ddynodi **seiniau'n** gysáct.

enghraifft:

> surθ

Byddai ieithyddion o bob gwlad yn gwybod mai dynodi seiniau'r gair Cymraeg

swrth

y mae hyn. Petai pawb yn gwybod yr wyddor ryngwladol hon mi fyddai anawsterau sillafu Cymraeg yn diflannu.

Ymdrin yn fras iawn â rhai pynciau sy'n codi anawsterau a wnawn ni yma. Fe roddir y cyfarwyddiadau pwysicaf mewn priflythrennau.

Dyblu *r* a dyblu *n*

Sylwch yn arbennig ar y rheolau hyn:

1 Dim ond y ddwy gytsain, *r* ac *n*, sy'n dyblu yn y Gymraeg.

2 Ar wahân i ychydig iawn o eithriadau, mewn geiriau lluosillafog (o fwy nag un sillaf) y mae *r* ac *n* yn dyblu: *tynn* (h.y. ddim yn llac) ac *ynn* (lluosog *onnen*) ydi dau o'r ychydig eiriau unsill sy'n dyblu *n*.

3 Dynodi aceniad **byr a phendant** y mae *rr* ac *nn*.

4 Yn y Gymraeg **prin ydi'r achlysuron hynny lle ceir mwy na dwy gytsain, neu ddwy gytsain + H gyda'i gilydd.** Dyma enghreifftiau lle ceir tair cytsain gyda'i gilydd: *distryw*, *sbri*, *straeon*, *ysbryd*, *ystrydeb*, *straeon*, ac *afrlladen* (sef y bara a ddefnyddir gyda'r gwin yng ngwasanaeth y cymundeb mewn eglwys).

5 Cofiwch mai un gytsain ydi:

ch, *dd*, *ff*, *ng*, *ll*, *ph*, *rh*, *th*

er ein bod yn defnyddio dwy lythyren i'w dynodi: felly dwy gytsain (ac nid tair) sydd efo'i gilydd mewn geiriau fel *mellten*, ac *archoll*.

Cofiwch y gall **i** ac **w** fod yn gytseiniaid yn ogystal â llafariaid: felly yn anaml iawn y ceir **nni+** neu **rrw+** am fod hyn yn rhoi inni dair cytsain gyda'i gilydd. Os ydych yn cael trafferth i wahaniaethu rhwng **i** ac **w**, y llafariaid, ac **+i** ac **+w**, y cytseiniaid, cofiwch y manylion buddiol hyn:

+i (cytsain) sydd yn y terfyniadau: **-iad**, **-iaid**, **-iol**, **-iog**; (Adran 8)

+w (cytsain) sydd yn y terfyniad: **-wyr** (⬅ **gwŷr**)

> **Cytgan i gofio rheolau dyblu *n* ac *r*:**
>
> Fawr byth mewn geiriau unsill,
> Gan amlaf mewn lluosill,
> Na ddyblwch ddim ond r (er) ac n (en)
> Byr, acennog: dyna ben.

Dau reswm sylfaenol sydd dros ddyblu **r** ac **n**:

A. **aceniad**

B. **tarddiad**

A. Aceniad

1 Fe ddyblir **r** ac **n** mewn geiriau lluosill pan fyddant **o dan yr acen**, a honno'n fer a phendant:

pénnau   týnnu   cárreg   tórri

Os ydi'r acen yn symud, trwy ychwanegu at y gair, yna does dim dyblu:

cárreg   ➡   carégog

ysgrifénnu   ➡   ysgrifenásant

tórrodd   ➡   torásant

2 Lle ceir llafariad hir mewn gair unsill, ni ddyblir **n** neu **r** wrth ychwanegu ato:

tôn (= alaw)	➡	tonau
ton (= ton y môr)	➡	tonnau
cân	➡	canu
can	➡	cannu (= gwynnu)

Ond cofiwch Reol 4, uchod ynghylch **dwy gytsain ac _h_**:

✔ **cywir**		✘ **anghywir**
pentan (2 gytsain)	➡	penntan (3 cytsain)
ysgrifenwyr (2 gytsain)	➡	ysgrifennwyr (3 cytsain)
atyniad (2 gytsain)	➡	atynniad (3 cytsain)

B. Tarddiad (Sut y ffurfiwyd gair)

1 Pan ychwanegir sillaf at air sy'n **diweddu yn -_nt_** y mae yna newid tebyg i'r newid a geir yn y treiglad trwynol yn digwydd, hynny ydi, mae'r **_t_** ➡ **_n_**. Mae hyn yn rhoi **dwy _n_** efo'i gilydd wedyn:

$$-nt \quad ➡ \quad -nn$$

enghreifftiau:

dant	➡	dannedd
tant	➡	tannau
punt	➡	punnoedd, punnau
peiriant	➡	peiriannau, peiriannol
Protestant	➡	Protestannaidd

Ond cofiwch Reol 4, uchod, ynghylch **dwy gytsain ac _h_**:

Protestant	Protestaniaid **nid**		Protestanniaid
	(2 gytsain)		(3 cytsain)
peiriannwr	peirianwyr	**nid**	peiriannwyr
	(2 gytsain)		(3 cytsain)

2 Wrth roi *an-* (**blaenddodiad negyddol**) o flaen gair yn dechrau gyda *t-*, neu *d-* y mae'r *t* a'r *d* yn treiglo'n drwynol, fel hyn:

$$t \implies nh$$
$$d \implies n$$

enghreifftiau:

an- + teg	→	an-nheg	= annheg
an- + tebyg	→	an-nhebyg	= annhebyg
an- + dedwydd	→	an-nedwydd	= annedwydd
an- + dynol	→	an-nynol	= annynol

Fel y gwelwch, y mae'r *an-* negyddol yn creu ansoddair croes ei ystyr i'r un gwreiddiol.

Gan mai trwy **darddiad**, ac **aceniad**, y ceir dwy *n* (*nn*) mewn geiriau fel hyn y mae'r ddwy yn aros **waeth beth fo aceniad** y gair:

$$\overset{/}{\text{annheg}} \implies \overset{/}{\text{annhegwch}}$$
$$\overset{/}{\text{annhebyg}} \implies \overset{/}{\text{annhebygol}}$$

Fe welwch **nad ydi'r *nn* o dan yr acen**: ond y mae sillafiad y ddau air yn gywir, am mai *nn* **trwy darddiad** sydd yma.

Ond cofiwch Reol 4 uchod ynghylch **dwy gytsain ac *h***. Felly ni cheir dyblu *nn* mewn rhai geiriau hyd yn oed pan geir *an- + t-*. Y geiriau hynny ydi'r rhai sy'n dechrau efo *t* **+ cytsain**, fel hyn:

✔ **cywir**	✘ **anghywir**
an- + trefn	
anhrefn (*2 gytsain + h*)	annhrefn (*3 cytsain + h*)
an- + trugarog	
anhrugarog (*2 gytsain + h*)	annhrugarog (*3 cytsain + h*)
an- + traethol	
anhraethol (*2 gytsain + h*)	annhraethol (*3 cytsain + h*)

! sylwer:

Y geiriau anhawsaf i wybod a ddylid dyblu **r** neu **n** ynddyn nhw ydi'r rhai sy'n dibynnu ar eu **tarddiad** yn hytrach na'u **hynganiad a'u haceniad**.

enghraifft:
Y mae ynganiad yr **n** yn

> my**nn**u a penderfy**n**u

yn swnio'n debyg iawn i'w gilydd i'r rhan fwyaf ohonom ni, ond fe welwch fod dwy **n** yn *my**nn**u,* ac un yn *penderfy**n**u.*

Pam?

> my**nn**u: dyblu'r **n trwy aceniad**.
>
> penderfy**n**u: y mae'n ddau air, ***pen + terfynu***.

Y mae *terfynu* yn dod o'r gair Lladin *termūnus*.

Y mae'r *ī* (*i* hir) yn rhoi *y* hir yn y Gymraeg (*ī* ➡ *y* hir): y mae'n *y* hir **o ran tarddiad**; a dyna pam yr ysgrifennir *terfynu* gydag un **n**.

Gan nad oes disgwyl i rywun wybod hyn, mater o arfer - yn hytrach na gwybod na deall - fydd y math hwn o sillafu rhyfedd i'r rhan fwyaf ohonom ni.

Yr acen grom (to bach ˆ)

Dynodi llafariad hir a wna'r acen grom. Ond, yn anffodus, nid oes acen grom ar bob llafariad hir.

Dau safle lle y ceir acen grom:

(i) Uwchben **rhai llafariaid hirion mewn geiriau unsill** fel:

> mân, tân

(ii) Uwchben **rhai llafariaid hirion, yn sillaf olaf acennog** rhai geiriau – fe glywch yr acen ar y sillaf olaf:

> ymlâdd (wedi blino); iachâd

❶ Yr acen grom mewn geiriau unsill

Y rheol bwysicaf un ydi hon:

Dylid rhoi acen grom uwchben pob *a*, *e*, *o*, *w*, *y*

(pob llafariad ond *i* ac *u*) **hir o flaen *l n r*** (rheol **LiNoR**):

tâl	tân	pâr
pêl	gwên	gwêr
siôl	Siôn	côr
pŵl	sŵn	gŵr
gwŷl (o gwylio)	gwŷn	gwŷr

Yr **eithriadau** i'r rheol hon ydi'r *e* hir yn ***hen***, a'r *y* hir yn ***dyn***.

❷ Un arall o swyddogaethau defnyddiol yr acen grom ydi:

dynodi gwahaniaeth rhwng parau o eiriau er mwyn i'w hystyron fod yn eglurach.

Y rheol yma ydi:

y llafariad yn fer ➡ **dim** acen grom;

y llafariad yn hir ➡ y **mae angen** acen grom.

enghreifftiau:

tŷ:	Aeth i **dŷ** ei nain.
dy:	**Dy** gath di yw hon.

Rhoir acen grom ar *y* yn *tŷ* i wahaniaethu rhwng y treiglad meddal ohono (*dŷ*) a'r rhagenw ***dy***.

❗ *sylwer:*

Nid oes eisiau acen grom yn *Ty'n* gan mai talfyriad o *tyddyn* sydd yma, ac nid *tŷ*.

mor:	Ni welais neb oedd **mor** gryf â f'athro Cemeg.
môr:	Clywais sŵn tonnau'r **môr** o bell.

Lle nad oes pâr o eiriau does dim eisiau acen grom, er bod y llafariad yn hir.

enghreifftiau:

haf, pab, lle, te, ci, ti, llo, bro, mud, hud, brwd, rhwd, pryd, byd

❸ Weithiau y mae'r llafariad o flaen *-nt* yn hir. Mae'n hir oherwydd **cywasgu**, sef gwasgu dwy lafariad, sydd yr un fath, yn un, fel yn:

*c***a-a***nt*	➡	*cânt*
*gwn***a-a***nt*	➡	*gwnânt*

Ond gan nad ydi'r rhan fwyaf ohonom ni'n gwybod pryd y mae'r cywasgu hwn yn digwydd, efallai y bydd y rheol hon o gymorth:

Mae yna acen grom uwchben pob llafariad hir o flaen *-nt*. Fe fyddwn ni, wedyn, o leiaf yn gywir yn amlach nag y byddwn ni'n anghywir.

enghreifftiau:

ânt, bônt, rhônt, ŷnt etc.

❹ Lle ceir llafariaid hirion **o flaen *p*, *t*, *c*, *m*, *ng*** y mae eisiau acen grom.

enghreifftiau:

siâp, sêt, brêc, ffrâm, bûm, gwrêng (= pobl gyffredin)

Yr acen grom ar sillaf olaf, acennog geiriau lluosillafog

(Geiriau o fwy nag un sillaf yn diweddu'n acennog, fel *ymlâdd*, ydi'r rhai y cyfeirir atyn nhw.)

❶ Mae eisiau acen grom uwchben **pob llafariad hir o flaen *l*, *r*, *n*** (*rheol **LiNoR** eto):

ystôl, ystŵr, ystên, ysgrîn

2 Mae eisiau acen grom uwchben **llafariad hir o flaen** *-nt* **ac** *-m*:

nesânt, canfûm

3 Lle ceir **deusain hir (dwy lafariad efo'i gilydd) ar ddiwedd gair** y mae eisiau acen grom:

dramâu, caniatâi (ffurf ferfol o'r berfenw *caniatáu*)

4 Lle ceir **gair yn gorffen â llafariad hir**, y mae eisiau acen grom:

caniatâ, efô

Yr **eithriadau** i'r rheol hon ydi'r **rhagenwau dwbl sy'n diweddu gydag** *-i*:

myfi, tydi, hyhi, nyni, chwychwi

a **geiriau lle y ceir** *-h* **yn y sillaf olaf** – fe gofiwch, efallai, fod yr *-h* hon yn golygu fod yr acen ar ei hôl hi:

glanha, cryfha, trugarha, gwahan

(gwahan: y mae llawer iawn yn ysgrifennu'r gair hwn gydag acen grom, fel yn: *ar wahân*. Y mae hyn yn digwydd mor gyson fel y derbynnir hon fel ffurf gywir ar y gair.)

5 I **wahaniaethu rhwng pâr o eiriau'n cychwyn gydag** *ym*- dylid nodi'r llafariad hir gydag acen grom:

ymladd (cwffio)   ymlâdd (diffygio)
ymddwyn (bihafio)   ymddŵyn (geni)

6 Yma, eto, y mae llafariaid sy'n **cywasgu**. (Gweler 2 a 3 uchod, hefyd, mewn gwirionedd.) Ni fydd y rhan fwyaf ohonom ni'n gwybod pa eiriau ydi'r rhain. Dyma rai:

llesâd	(o lles**a**-**a**d)
coffâd	(o coff**a**-**a**d)
iachâd	
paratôdd	

 Y **rheol ddiogelaf** (er nad ydi hi'n berffaith) ydi hon:

**Lle bydd llafariad hir ar ddiwedd gair lluosillafog,
yna peth doeth ydi:**
Rhoddi ar hon
Acen grom.

u ac *y*

Y mae dwy sain i *y* yn Gymraeg, sef:

(a) y sain dywyll, fel yn *tywyllwch*;

(b) y sain eglur, fel yn *llyn* = yr un sain ag *u* (⟶ **ɣ**) mewn rhai
tafodieithoedd.

Dyma'r peth i'w gofio:

Ceir y sain **ɣ** mewn geiriau unsill, fel *llɣn*, ac yn sillaf olaf geiriau
lluosillafog, fel *terfɣn*, ond y mae'n newid i sain *y* (*gwyro* ydi'r
enw ar y newid hwn) yn y goben a sillafau eraill:

dɣn yn gwyro i roi **dynion**

Dydi sain *u* ddim yn newid o gwbl.

Yn aml, y mae'n bosibl gwahaniaethu rhwng **ɣ** ac *u*, **trwy
ychwanegu at y gair**:

llyn (llɣn) ⟶ ll**y**nnoedd

Wrth ychwanegu at y gair, yna y mae'r *y* yn dangos pa sain sydd iddi:

dyn (dɣn)	➜ dynol	= dyn (gydag y)
clyw (clɣw)	➜ clywed	= clyw (gydag y)

Geiriau lluosill:

terfyn (terfɣn)	➜ terfynau	= terfyn (gydag y)
melys (melɣs)	➜ melysion	= melys (gydag y)
dyrys (dyrɣs)	➜ dryswch	= dyrys (gydag y)

Nid oes newid yn sain *u* wrth ychwanegu at y gair sy'n ei chynnwys:

pur	➜ puro	nid pyro
sur	➜ suro	nid syro
esgus	➜ esgusion	nid esgysion
segur	➜ segurdod	nid segyrdod

Y mae tuedd i ynganu *y* fel *i* mewn rhai geiriau, dyna inni:

llinyn	(ynganiad llinin)
dilyn	(ynganiad dilin)
cyw	(ynganiad ciw)

Ond y mae'r rheol o ddarganfod ai *y* sydd yn y gair yn dal i weithio gyda'r rhan fwyaf o'r rhain - **ychwanegwch atyn nhw**, fel hyn:

Ynganiad	**Ychwanegiad**	**Pa lythyren**
llinyn ➜	llinynnau	llinyn
dilyn ➜	dilynaf	dilyn
cyw ➜	cywion	cyw

Fe welwch mai **ffordd o helpu i wahaniaethu** a gynigir yma, ac nid rheol berffaith. Sylwch, hefyd, nad ydi hyn oll o help gyda deusain fel *yw*.

Yr anadliad caled: *h*

Weithiau y mae hi'n anodd penderfynu a oes angen **h**, sef yr anadliad caled, mewn gair ai peidio. Dyma'r math o **h** a olygir:

fy n**h**elyn; cyng**h**anedd

Yr anhawster ydi hyn: fe geir yr **h**, dywedwch, yn y gair *cyng**h**anedd*, ond dydi hi ddim i'w chael yn y gair *cynganeddu*.

enghreifftiau:

eang	➡	e**h**angder eangderau
angau	➡	ang**h**euol

A oes modd creu rheol inni wybod a oes angen yr **h** hon mewn geiriau, ai peidio?

Nid rheol, ond **ffordd** sydd yn mynd i weithio - yn amlach na heb:

Os yw'r *h* o dan yr acen,
Yna, 'n wir, y mae ei hangen.

enghreifftiau:

/ bonedd	➡	/ bon**h**eddig
/ cynnal	➡	/ cyn**h**aliaeth
/ cymwys	➡	/ cym**h**wyso
/ cymell	➡	/ cym**h**elliad

Mewn geiriau fel:

/ di**h**areb	➡	/ diar**h**ebion

gwelir fod yr **h** yn newid ei lle.

Rhagddodi *h*

Mewn rhai amgylchiadau fe fydd *h* yn cael ei **rhoi o flaen** llafariaid (yn cael ei **rhagddodi**). Rhagddodir yr *h* yn yr amgylchiadau a nodir isod.

❶ Mewn enwau sy'n **dechrau â llafariaid** ar ôl y rhagenwau canlynol:

'm:	ardal	➡ i'm hardal;	iaith	➡ i'm hiaith
ei (benywaidd):	enw	➡ ei henw;	afal	➡ ei hafal
ein:	iaith	➡ ein hiaith;	eliffant	➡ ein heliffant
eu:	ysbryd	➡ eu hysbryd;	allorau	➡ eu hallorau

> **!** Ni ddigwydd hyn gydag:
>
> **ei** (gwrywaidd)**:**   *afal*   ➡   *ei afal ef*
> **eich:**   *enwau*   ➡   *eich enwau chi*

❷ **'i:** sy'n dynodi gwrthrych:

Fe enwodd **ef/hi** y ci   ➡   fe'i henwodd
Erlidiodd **ef/hi** y dyn   ➡   fe'i herlidiodd

❸ Pan ddilynir *ugain* gan *ar* wrth rifo:

21 ➡ un ar hugain
30 ➡ deg ar hugain

g ymwthiol

Ar lafar, mewn rhai ardaloedd, y mae'r enw *wyneb* yn gallu magu *g* ar ei ddechrau, ac y mae'n troi yn *gwyneb*. Y mae newid tebyg yn digwydd i'r gair Saesneg *honest* wrth iddo droi'n air Cymraeg ➡ *gonest*. Ceir datblygiad tebyg wrth i eiriau Saesneg eraill gael eu Cymreigio:

wait   ➡   gweitiad/gweitjiad
watch   ➡   gwatjiad

Llafariaid ymwthiol

Y mae llafariaid ymwthiol yn hen iawn yn y Gymraeg. Yr hyn a olygir ydi llafariaid nad ydyn nhw ddim i fod mewn geiriau, yn ffurfiol – **rhai sy'n eu gwthio eu hunain** i mewn ydyn nhw.

enghreifftiau:

ochr	➡	ochor
llwybr	➡	llwybyr
llyfr	➡	llyfyr (yn y de)
pobl	➡	pobol
sicr	➡	sicir

Fel rheol, dydi'r fath lafariaid ddim yn ymwthio i ffurfiau lle'r ychwanegir at y ffurfiau cysefin, megis lluosog y geiriau hyn:

ochrau, llwybrau, llyfrau

neu eiriau fel:

sicrwydd, poblog

Gwahanu ystyron - detholiad

ar – arddodiad ➡ Y mae'r llyfr *ar* y bwrdd.

a'r – cysylltair *a* + y fannod *'r* ➡ Aeth y ci *a'*r gath i'r garej.

â'r – arddodiad *â* + y fannod *'r* ➡ Trawodd yr hoelen *â'*r morthwyl. (Gallwch roi *efo* yn lle'r *â* hon.)

â'r – berf *â* (o *mynd*) + y fannod *'r* ➡ *Â'*r wraig gyda'i gŵr i'r parti.

âr – ansoddair = tir wedi ei aredig ➡ Tir pori ac nid tir *âr* sydd ar ein fferm ni.

amrywiad – yn wahanol i un math gwreiddiol ➡ Yr oedd ei dull o ganu'n *amrywiad* ar y dull arferol.

amrywiaeth – llawer o wahanol rai ➡ Yn y sioe amaethyddol roedd yna *amrywiaeth* o flodau ac anifeiliaid.

byth – y mae'n cyfeirio at y presennol, neu'r dyfodol ➡ Dydi hi *byth* yn dod yma.

erioed – y mae'n cyfeirio at y gorffennol ➡ Chlywais i *erioed* y fath ganu sâl

caledi – pan fydd tlodi ➡ Ar ôl cyfnod hir o *galedi*, daeth tro ar fyd, er gwell.

caledu – pan fydd rhywbeth meddal yn mynd yn galetach ➡ Y mae'r cyflaith hwn yn *caledu* rŵan.

canolig – cymedrol, ddim yn arbennig o dda

canolog – yn y canol

câr – perthynas

car – modur

corun – top y pen

corryn – pryf cop

cynnau – gwneud tân

gynnau – ychydig bach yn ôl

cyngor – cyfarwyddyd; lluos. – cynghorion

cyngor – fel yn 'Cyngor Sir' lluos. – cynghorau

Cymru – y wlad

Cymry – y bobl

Cymraeg – rhywbeth sydd yn yr iaith ➡ llyfr *Cymraeg*; dogfen *Gymraeg*

Cymreig – yn perthyn i Gymru ➡ Y Blaid Lafur *Gymreig*; y fuwch ddu Gymreig

Y mae **Saesneg, Seisnig** yn gweithio yn yr un ffordd.

Cymraeg, yr iaith – benywaidd ➡ y Gymraeg.

Math arbennig o Gymraeg – gwrywaidd ➡ Y mae'n ysgrifennu *Cymraeg* da. ➡ Cymraeg da ydi *Cymraeg Bro Morgannwg*.

dibynadwy – un y gellir dibynnu arno/arni

dibynnol – un sydd yn dibynnu ar rywun neu rywbeth arall

dirwyo – cael dirwy (S. *fine*) ➡ Cafodd *ddirwy* o gan punt am yrru'n ddiofal.

dirywio – mynd yn waeth ei gyflwr ➡ Yr oedd yr hen ŵr yn *dirywio*'n gyflym, yna bu farw.

diwethaf – yr un sydd ar derfyn cyfres ➡ Y ganrif *ddiwethaf* oedd yr ugeinfed ganrif. (Nid yr un olaf, am fod yr ugeinfed ganrif ar hugain yn ei dilyn.)

olaf – un nad oes dim un arall ar ei ôl/hôl ➡ Hwnnw oedd dydd *olaf* ei fywyd.

etholedig – un sydd wedi ei ddewis ➡ Clinton oedd yr Arlywydd *etholedig*.

etholiadol – yn ymwneud ag etholiad ➡ Dan y drefn *etholiadol*, y mae gan bob dinesydd bleidlais.

gwladaidd – un â golwg anffasiynol, anninesig arno ➡ Roedd golwg *wladaidd* arno yn y ddinas brysur.

gwladol – yn perthyn i wlad ➡ Ef yw'r swyddog *gwladol*.

gwledig – yn ymwneud â chefn gwlad ➡ Ardal *wledig*, heb fawr o boblogaeth oedd hi.

gwŷdd – coed

gŵydd – aderyn, S. *goose*

gŵydd ➡ yng ngŵydd ei gyfaill

gŵyr – 3ydd person presennol o *gwybod* ➡ Fe *ŵyr* ei fod wedi gwneud tro sâl â hi.

gwŷr – dynion

hyn – S. *this* ➡ Y mae *hyn* yn annerbyniol.

hŷn – S. *older* ➡ Y mae'n fachgen mawr, yn edrych yn *hŷn* na'i oed.

hun – rhagenw; S. *self* ➡ Aeth yno ar ei ben ei *hun*.

hun – cwsg ➡ Eu *hun*, mor dawel yw.

i'w – i + ei ➡ Aeth *i'w* dŷ.

yw – berf – ydyw ➡ Hwn *yw*'r/ *ydyw*'r lle gwaethaf am law ym Mhrydain.

llên – llenyddiaeth

llen – gorchudd; cyrten

llwyth – lluosog **llwythi** – baich, pwn ➡ Y mae'r *llwythi* yna'n rhy drwm ichi eu cario.

llwyth – lluosog **llwythau** (S. *tribe*) ➡ Gyrrodd y dyn gwyn y *llwythau* brodorol o'u tiroedd.

meddygaeth – gwyddor iechyd ➡ Bu hi'n astudio *meddygaeth* am chwe blynedd.

meddyginiaeth – ffisig, moddion ➡ Doedd y ddiod ddail ddim yn *feddyginiaeth* lwyddiannus.

methu a **colli**

methu – bod yn aflwyddiannus, neu anghywir; methu cyflawni rhywbeth; mynd ar gyfeiliorn; mynd yn fethedig; yn anabl i wneud pethau ➡

Methu'r arholiad wnaeth o/e.

Methodd ddringo i gopa'r mynydd.

Rwyt ti'n ei *methu* hi'n o arw wrth ddweud hyn'na.

Mae hi wedi mynd i *fethu* gwneud ei dyletswyddau.

Rydw i'n *methu*'n lân â gweithio'r peiriant yma.

colli – mynd ar goll; methu cael; methu cadw ➡

Euthum ar *goll* yn y niwl.

Mi *gollais* i fy mag ysgol.

Mi *gollodd* hi'r bws. Fe *gollodd* o/e ei gariad.

Rydw i'n *colli* fy ffrind ar ôl iddo fynd i America.

peri – berfenw – achosi ➡ Bu'n *peri* poen i'w fam am flynyddoedd.

pery – berf, trydydd person o *parhau* ➡ Ni *phery*'r haf yn hir yn y gogledd oer.

poblogaeth – nifer y bobl sydd mewn man arbennig ➡ Y mae *poblogaeth* y byd wedi cynyddu'n enbyd yn yr ugain mlynedd diwethaf.

poblogaidd – yn hoff gan y bobl ➡ Y mae'n awdur *poblogaidd* iawn.

pryd/prydau – bwyd; amser bwyd ➡ Cawsom *bryd* o fwyd ardderchog yn y gwesty.

pryd/prydiau – amser ➡ Y mae'r haul yn braf yma ar *brydiau*.

pwysau – trymder ➡ Oherwydd ei fod yn bwyta pethau melys y mae ei *bwysau* wedi cynyddu'n sylweddol.

pwysedd – S. *pressure* ➡ Roedd *pwysedd* y dŵr yn rhy wan i lenwi'r tanc dŵr oer.

pwysi – sypiau o flodau ➡ Bu'n yr ardd yn hel *pwysi* o rosod.

rhestri – lluosog y gair *rhestr*

rhestru – y weithred o greu rhestr

rhesymegol – yn unol â rhesymeg
(S. *logic*) ➡ Gan i'r plismyn ei
ddal â gwn yn ei law lle'r oedd
dyn wedi ei ladd, roedd yn
rhesymegol iddynt ei gyhuddo
o'i lofruddio.

rhesymol – synhwyrol, priodol ➡
Nid peth *rhesymol* oedd rhoi
cyllell i blentyn.

rhu – sŵn mawr ➡ Roedd *rhu*'r
gwynt i'w glywed yn uchel.

rhy – gormod ➡ Peidiwch â mynd
yn *rhy* bell.

sylweddoli – dod i ddeall ➡
Mi wnes i *sylweddoli*'n fuan
nad oedd y bws am ddod.

sylwi – dal sylw ar rywbeth ➡
Wnes i ddim *sylwi* fod y llanw'n
troi a'i bod yn beryg imi nofio yn
y lle hwnnw.

tanau – lluosog *tân*

tannau – lluosog *tant* fel sydd ar
delyn, neu gitâr

ton/**tonnau** – symudiad dŵr

tôn/**tonau** – tiwn

treulio – defnyddir am amser ➡
Treuliais wythnos ym Merthyr.

gwario – defnyddir am arian neu
bres ➡ Wnes i ond *gwario*
dwybunt yn y siop.

tu – ochr ➡ Y *tu* draw i'r mynydd
y mae yna fôr.

tŷ – S. *house*

yntau (rhagenw gwrywaidd) ➡
Aeth hi ac aeth *yntau* i'r parc.

ynteu (felly; neu) ➡ Pwy wyt ti,
ynteu?
Un ai y mae'r amserlen yn
anghywir *ynteu* rydw i wedi
gwneud camgymeriad.

ystyr – yr hyn y mae rhywbeth yn
ei olygu ➡ Dydi *ystyr* y gerdd
hon ddim yn glir i mi.

ystyriaeth – meddwl am rywbeth
➡ Ar ôl dwys *ystyriaeth*
penderfynodd beidio â derbyn
y gwahoddiad.

Ymarferion

! **sylwer:**

Gall hyfforddwr greu ymarferion eraill tebyg i'r rhai a geir yma.

Acenion (Adran 7)

1 Dewiswch linellau a phenillion i nodi eu haceniad.

2 Lluniwch linellau i ffitio'r patrymau hyn:

′ / ′ / ′ / ′ /

/ ′ ′ / ′ ′ / ′ ′ /

/ ′ ′ / ′ ′ / ′ ′ / ′ ′

Y fannod (Adran 8)

1 Rhowch y ffurf gywir ar y fannod yn y bylchau a geir yn y paragraff hwn:

Yr oedd – ddafad wedi crwydro o- cae lle – oedd wedi bod yn pori ac wedi mynd i fyny- mynydd, gan ddal i fynd nes dod at – llethr mwyaf serth yn – rhan honno o- ardal. Yna fe lithrodd i lawr – ochr nes ei bod mewn man y cafodd – dynion-tân a oedd wedi dod i'w hachub – anhawster mwyaf i fynd ati.

2 Yn y brawddegau canlynol y mae nifer o gamgymeriadau (fe nodir y nifer mewn cromfachau ar ôl y frawddeg); cywirwch nhw, a rhowch resymau am eich cywiriadau:

(a) *Gyda y dydd yn ymestyn, roedd hi'n amlwg fod y wanwyn ar ei ffordd.* (2)

(b) *Lle ei di dros wyliau Nadolig?* (2)

(c) *Yn dref y mae'r pont sydd yn agor ac yn cau.* (2)

(ch) *Yn yr eisteddfod gwelais yr fam a'r daid.* (2)

(d) *Nid oedd yr wraig wedi meddwl y byddai'n colli'r fachgen.* (2)

Enwau (Adran 9)

1 Dewiswch y gair nad yw'n ffitio gyda'r gweddill yn y grwpiau canlynol, ac esboniwch pam nad yw'n ffitio:

enghraifft:

1. môr
2. mynydd
3. torf
4. cath
5. llechen

Ateb: Torf (3). Am ei fod yn enw torfol yng nghanol enwau cyffredin.

1. *Dafydd*	1. *gitâr*
2. *Mari*	2. *ffenestr*
3. *Saul*	3. *prydferthwch*
4. *Caerdydd*	4. *awyr*
5. *Benjamin*	5. *sedd*

1. *corun*	1. *harddwch*
2. *gwawn*	2. *gwendid*
3. *haid*	3. *pleser*
4. *bys*	4. *coffi*
5. *enfys*	5. *segurdod*

1. *mieri*	1. *cadair*
2. *cortynnau*	2. *car*
3. *ffatri*	3. *bwrdd*
4. *pellterau*	4. *gwely*
5. *ceisiadau*	5. *haul*

1. *mawredd*	1. *lleng*
2. *bryntni*	2. *prydydd*
3. *llonyddwch*	3. *tîm*
4. *llawenydd*	4. *gyr*
5. *mynydd*	5. *llynges*

2 Lluniwch enwau haniaethol o'r geiriau canlynol, a rhowch yr enwau hynny mewn brawddegau a fydd yn dangos eu hystyron yn eglur:

enghraifft:

    prydferth   **enw haniaethol** =   prydferthwch:

Ynghanol y plastig a'r gwydr a'r concrit, a oedd bron â mygu dyn gyda'u hagrwch, gwelais *brydferthwch* blodyn bach pinc.

    i.   _____ *rhydd*

    ii.   _____ *cryf*

    iii.   _____ *poen*

    iv.   _____ *swrth*

    v.   _____ *cas*

3 Chwiliwch am enwau torfol addas i'w rhoi yn y bylchau sydd isod. Gallwch roi mwy nag un os gallwch feddwl am rai addas:

enghraifft:

_____ o wair

Gellid rhoi unrhyw un, neu fwy o'r rhain yn ateb:
1. tas; 2. pentwr; 3. twmpath; 4. cruglwyth

    i.   _____ *o bysgod*
    ii. _____ *o ddefaid*
    iii. _____ *o filwyr*
    iv. _____ *o flodau*
    v. _____ *o fleiddiaid*

4 Defnyddiwch yr enwau canlynol mewn brawddegau, un ymhob brawddeg, i ddangos yn eglur eu hystyron a'r defnydd cywir ohonynt:

> *maes; cydwybod; aroglau; tonnau; brawdoliaeth; ysbrydoliaeth; sarhad; poblogaeth; lleihad; caethiwed.*

5 Nodwch y camgymeriadau sydd yn y brawddegau canlynol (fe nodir y nifer mewn cromfachau ar ôl y frawddeg); cywirwch nhw, a rhowch reswm dros eu cywiro:

    i.   *Aeth y blentyn i chwilio am ei brawd.* (2)

    ii. *Mae llawer o ddelweddau rhyfedd mewn y gywydd hon.* (3)

    iii. *Rhedodd criw o foch ar draws y caeoedd.* (2)

    iv. *Ni welais erioed gymaint o asynnoedd mewn coedwigau o'r blaen.* (2)

    v. *Y mae llawer o gynghaneddion yn y ddau gerdd.* (2)

6 Llenwch y bylchau gyda *hwn* neu *hon* i ddynodi cenedl yr enw:

i.   *Y syniad _____ ond yr awdl _____*

ii.   *Y soned _____ ond y cywydd _____*

iii.   *Y gair _____ ond y frawddeg _____*

iv.   *Y gynghanedd _____ ond y mesur _____*

v.   *Y trosiad _____ ond y ddelwedd _____*

vi.   *Yr acen _____ ond y rhythm _____*

vii.   *Y bardd _____ ond y delyneg _____*

viii.   *Y symudiad _____ ond yr odl _____*

ix.   *Y gyffelybiaeth _____ ond y cwpled _____*

x.   *Y symbol _____ ond y gymhariaeth _____*

Ansoddeiriau (Adran 10)

1 Rhowch **dri** gwahanol ansoddair ar ôl pob un o'r enwau hyn i greu gwahanol argraffiadau:

enghraifft:
> Enw: trwyn.
> Ansoddair: 1.   amryliw (digrif)
>   2.   gwaedlyd (egr)
>   3.   budr (annymunol)

llygad; car; teledu; crys; potel.

2 Ewch ymlaen yn awr i roi **chwech** ansoddair ar ôl pob un o'r enwau hyn er mwyn gweld pa effaith y mae'r ansoddeiriau yn ei chael ar yr enw:

enghraifft:
> Enw: môr
> Ansoddeiriau: (i) glas (ii) mawr (iii) dychrynllyd (iv) terfysglyd (v) hallt (vi) disglair (vii) enbyd (viii) tawel (ix) llonydd (x) esmwyth

craig, eryr, car, gwallt, ceffyl.

3 Ysgrifennwch **chwech** o ansoddeiriau annymunol, a **chwech** o rai dymunol.

4 Nodwch ansoddeiriau croes eu hystyron i'r canlynol:

tlws; egr; enfawr; cryf; cyfoethog; cythryblus; diddorol; maleisus; budr; medrus.

5 Newidiwch ffurfiau cwmpasog yr ansoddeiriau hyn i rai cryno:

mwyaf cyfoethog; mor llawen; mwy distaw; mor fudr; mwyaf trist; mor ddrud; mwy llon; mwyaf anodd; mor drwm; mwy llonydd.

6 Defnyddiwch y canlynol yn gywir mewn brawddegau, un i bob brawddeg:

blaenaf; olaf; amserach; gloywaf; dewisach; rheitied; elwach; rhagorach; llesach; drutaf.

7 Y mae nifer o gymariaethau adnabyddus ar lafar, er enghraifft:

cyn ddued â brân
cyn gryfed â cheffyl.

Ewch ati i wneud **pedair** cymhariaeth at y rhai a geir isod. Gallwch roi, neu beidio â rhoi, y fannod o flaen y peth a enwir:

enghraifft:

Cymhariaeth: cyn ddued â brân

i.   ˝   ˝   â pharddu
ii.   ˝   ˝   â glo
iii.   ˝   ˝   â nos
iv.   ˝   ˝   ag eboni

mor ddisglair â'r haul; mor dwt â phin mewn papur; cyn feined â gwifren gaws; cyn futred â mochyn; cyn gryfed ag eliffant.

8 Fe geir cymariaethau llafar mewn ffurf arall hefyd, er enghraifft:

mor ddall â phost

Ewch ati i wneud **tair** cymhariaeth at bob un o'r rhai a geir isod:

mor fyddar â phost   *mor dew ag uwd*
mor falch â phaun   *mor ddu â'r nos*
mor chwil â chaib   *mor dwp â dafad*

9 Trowch yr enghreifftiau a roddir ichi i weithio arnynt yn ymarferion 7 ac 8 i'r radd gymharol:

enghraifft:

Cyfartal	Cymharol
cyn ddued â brân ➡	yn dduach na brân
mor dwp â dafad ➡	yn dwpach na dafad
mor fawr â mynydd ➡	yn fwy na mynydd

10 Llenwch y bylchau yn y paragraff canlynol ag ansoddeiriau addas:

Ni welais wraig mor _____ erioed. Y mae'n siarad yn

_____, heb gymryd amser i anadlu'n iawn. Ond un

_____ yw ei gŵr, nid oes ganddo ddim i'w ddweud.

Pan â'r ddau allan i siopa yn y dref _____, ei waith

ef ydi gyrru eu car _____ at ddrws _____ y siop,

gollwng ei wraig yno a mynd i barcio'r car. Yna daw i'r

siop a chwilio rhwng y silffoedd _____ am ei wraig

sydd yno gyda throli _____. Ar ôl siopa fe â'r ddau

_____ efo'u troli i'r caffi i gael paned _____ o goffi.

11 Cywirwch y brawddegau canlynol yn y cywair ffurfiol (fe nodir nifer y camgymeriadau mewn cromfachau ar ôl y frawddeg), gan roi rheswm dros y cywiro:

i. *Y mae pob plant i fod i fedru adrodd y gwpled.* (2)

ii. *Does dim cerddi arall am anifeiliaid yn y cyfrol.* (2)

iii. *Po mwyaf a welai, y leiaf a gredai.* (2)

iv. *Ni welais mor gymaint o lestri fudr wedi malu erioed.* (2)

v. *Pan welodd yr ysbryd ddrwg aeth cyn wynned â eira.* (2)

vi. *Dyw e ddim wedi dod mor belled, ond y mae e'n wastad yn hwyr ac yn hel esgusion wael.* (2)

vii. *Nid yw'r stori fyr hwn yn dda iawn.* (2)

viii. *Neidiodd y lleidr yn uchelach nag y wnaeth erioed.* (2)

Rhagenwau (Adrannau 11 - 12)

1 Rhowch y rhagenw priodol ym mhob bwlch yn y dyfyniadau canlynol, yna nodwch pa fath o ragenw ydyw:

enghraifft:

   Mab y mynydd ydwyf . . .

Ateb: finnau = rhagenw cysylltiol, person 1af

neu   fi   = rhagenw syml annibynnol, person 1af

i. *Fe _____ welais _____ ar lawnt y plas.*

ii. *Fuoch _____ erioed yn morio?*
Wel do mewn padell ffrio;
Chwythodd y gwynt _____ i'r Eil o Man,
A dyna lle buom _____ 'n crio.

iii. *Beth yw'r ots gennyf ____ am Gymru? Damwain a hap*
Yw _____ mod yn _____ libart yn byw.

iv. *O dan y môr a _____ donnau*
    Mae llawer dinas dlos.

v. *Mae gen _____ ebol melyn*
   Yn codi'n bedair oed
   A phedair pedol arian
   O dan _____ bedwar troed.

vi. *Iâr fach dlos yw fy iâr fach _____ ,*
    Pinc a melyn a choch a du.

2 Enwch y rhagenwau yn yr enghreifftiau canlynol:

dy gath; i'n tŷ ni; o'ch tŷ chi; a finnau hefyd;

eich car chi; fe'i gwelais; dyma'r dyn a welais;

ein pentref bach ni; aethant hwythau i gyd ymaith;

dyma fo'r dyn na welais i mohono erioed.

3 Trowch y rhagenwau sydd yn y brawddegau canlynol yn lluosog:

i. *Nid wyf fi'n hoff iawn o gerddoriaeth glasurol.*

ii. *Adroddodd ef y bennod yn effeithiol iawn.*

iii. *Myfi, ac nid tydi, biau'r llyfr.*

iv. *Cafodd yntau wobr, er nad oedd yn rhedeg cystal â hi.*

v. *Ni welaf fi fod achos dros ei ryddhau ef.*

4 Rhowch ragenwau priodol yn lle enwau yn y brawddegau canlynol:

enghraifft:

Y mae'r wraig yn cyflogi'r garddwr. ➡ Y mae **hi** yn **ei** gyflogi.

i. *Nid oedd y ferch yn hoffi'r milwr.*

ii. *Aeth y llanciau i lawr at y ferch.*

iii. *Cerddodd y dynion i lawr at y gwragedd.*

iv. *Ni welodd y dyfarnwr y drosedd.*

v. *Syrthiodd y llanc mewn cariad â'r forwyn.*

5 Gwnewch un frawddeg o bob un o'r parau canlynol gan ddefnyddio cysylltair (sef *a* neu *ac* neu *ond*) a rhagenw yn lle ailadrodd yr enw:

   i. *Gwelais long mewn trybini. Gwelais griw'r llong yn boddi.*

   ii. *Lladrataodd y dyn o fanc. Daliwyd y dyn gan blismon.*

   iii. *Gwelais neidr. Brathodd y neidr fi.*

   iv. *Rhoddodd y gweithwyr y llechi i'r prynwyr. Rhoddodd y prynwyr arian i'r gweithwyr.*

   v. *Prynodd fy nhad gar newydd. Gyrrodd fy nhad y car newydd yn araf yr holl ffordd adref.*

6 Rhowch y rhagenw perthynol cywir ym mhob bwlch yn y brawddegau canlynol:

   i. *Ai ef yw'r un _____ llosgwyd ei gar?*

   ii. *Ai ef yw'r un _____ losgodd y car?*

   iii. *Dyma'r milwyr _____ syrthiodd yn y Rhyfel Mawr.*

   iv. *Dyma'r eneth _____ aethpwyd â hi i'r ysbyty.*

   v. *Ai hwn _____ welwyd yn rhedeg oddi wrth y plismon?*

   vi. *Syrthiodd y bwrdd mawr derw _____ fu'n sefyll yn y stydi yn ddarnau.*

   vii. *Yr ydym ni _____ arwyddodd ein henwau isod am weld tecach etholiad.*

   viii. *Choelia' i ddim mai hi oedd yr un _____ cyhuddwyd ei mam.*

   ix. *Does dim rhaid i'r rhai _____ ddaliwyd yn y traffig ddod i'r ysgol.*

   x. *Ai ni _____ welsoch yn taflu cerrig?*

7 Gwnewch un frawddeg o bob un o'r parau canlynol, gan ddefnyddio rhagenwau perthynol:

enghraifft:

Safodd y milwr yn stond. Yr oedd wedi ei anrhydeddu.

➡ Safodd y milwr, **a** oedd wedi ei anrhydeddu, yn stond.

   i.   *Dyma gerddoriaeth. Ni chlywais hi erioed o'r blaen.*

   ii. *Hwn yw'r dyn. Daliwyd ef gan y plismyn.*

   iii. *Rhedodd y milwr. Yr oedd wedi ei glwyfo.*

   iv. *Cerddodd y cricedwyr o'r bws i'r cae. Ni fuont yn y lle o'r blaen.*

   v. *Disgynnodd y ddafad dros y dibyn. Yr oedd yn chwilio am ei hoen.*

   vi. *Deffrôdd yn y gwely. Ni chofiai sut yr aeth iddo.*

8 Cywirwch y brawddegau hyn (fe nodir nifer y camgymeriadau mewn cromfachau ar ôl pob brawddeg); rhowch resymau dros gywiro:

   i.   *Y mae ei llyfrau nhw'n flêr ac yn siomi fi.* (2)

   ii. *Dyma'r llun yr hoffais orau gan fod yr olygfa o fyd natur yn cyffwrdd fi.* (2)

   iii. *Nid hi oedd yr eneth a welais ei mam yn ei guro.* (2)

   iv. *Aeth y bobl i mewn ar draws eu gilydd at y giât a oedd ddim wedi cau.* (2)

   v. *Hwn yw tŷ eich nain, a aeth bws drwyddo, gan ei dinistrio.* (2)

9 Defnyddiwch y canlynol yn gywir, un ymhob brawddeg, i ddangos yn eglur eu hystyron a'u defnydd:

   y gwelais;   nad aeth;   y clywodd;   fy mwriad;
   ein brenin;   yr ymrwymodd;   eich trafferthion;
   a ninnau;   myfi biau;   na ŵyr.

⑩ Cywirwch y canlynol, a rhowch resymau dros eich cywiriadau:

> *eu gilydd; sawl penodau; fe welais i hi;*
> *gofalu ar ôl fi; o flaen o/e; wrth ochr ti;*
> *yn lle nhw; gan bod fi; fi oedd yr un a biau'r car;*
> *nid oes neb a sydd heb drwydded yn cael pysgota.*

Berfau (Adrannau 16 – 22)

① Trowch y berfau a geir yn y brawddegau hyn yn ferfau cryno:

i. *Ddaru mi weld y dyn yn curo'r ceffyl.*

ii. *Rydych chi wedi torri'r DVD wrth gadw reiat.*

iii. *Wnaethon nhw ddim gweld y car yn dod ac fe ddigwyddodd damwain.*

iv. *Er dy fod ti mor glyfar doeddet ti ddim yn gwybod pwy dorrodd record y byd am naid hir.*

v. *Oherwydd bod y trên yn hwyr mi ddaru ni golli dechrau'r ddrama.*

② Defnyddiwch y ffurfiau canlynol mewn brawddegau i ddangos eu hystyron yn eglur:

> *darllenir; doedden nhw ddim yn gallu; edrychasom;*
> *rhedaswn; cofiaist; rwyt ti wedi bod; saif; sonir;*
> *gadawsom; taflwyd.*

③ Crëwch orchmynion ail unigol ac ail luosog o'r berfenwau a ganlyn, yna defnyddiwch nhw mewn brawddegau:

enghraifft:

Berfenw:	*ysgrifennu*
Gorchymyn ail unigol:	*ysgrifenna* [di]
Brawddeg:	"*Ysgrifenna*'n aml ar ôl iti gael dy draed danat yn dy le newydd," meddai'r fam wrth ei merch.

Gorchymyn ail luosog: *ysgrifennwch* [chi]

Brawddeg: "*Ysgrifennwch* res o eiriau sy'n
                          cychwyn gyda'r llythyren *o*."

mynd, dod, gweiddi, mynnu, taro.

4 Lluniwch rybuddion i wahardd y gweithgarwch a nodir:

enghraifft:

Rhedeg ar hyd y coridor
Rhybudd i wahardd:
Peidiwch â rhedeg ar hyd y coridor.
Na reder ar hyd y coridor.
Dim rhedeg ar hyd y coridor.

ysmygu;   cerdded ar y lawnt;   nofio mewn lle peryglus;
ysgrifennu ar waliau;   gadael i gŵn grwydro.

5 Trowch y berfau yn y brawddegau canlynol i'r amser
amherffaith, gan ychwanegu at y brawddegau i wneud
amserau'r berfau'n ddiamwys:

enghraifft:

Prynaf un llyfr Cymraeg bob mis. ➡ Prynwn un llyfr
Cymraeg bob mis pan oeddwn yn yr ysgol gynradd.

i.   *Mynnaf weld beth sydd yn digwydd yn y neuadd.*
ii. *Dydw i ddim yn hoff iawn o griced.*
iii. *Ysgrifennir at y Prif Weinidog.*
iv. *Â at y deintydd yn rheolaidd.*
v.   *Ewch chi ddim i'r neuadd yn y ddinas.*

6 Nodwch berson ac amser y berfau yn y brawddegau canlynol:

enghraifft:

Ceisiaf ddod draw yfory os bydd hi'n braf.

Berfau: ceisiaf ➡   person 1af, dyfodol;
           bydd ➡   3ydd person, dyfodol

i. *Mi af i'r dref yfory, os bydd hi'n dywydd braf.*

ii. *'Wnaethoch chi bleidleisio i'r wraig oedd yn sefyll dros y Blaid Werdd?*

iii. *Mi wnes i ddarllen y nofel ar un eisteddiad.*

iv. *Dangosir llawer o sothach ar lawer o'n sianeli teledu.*

v. *Neidiai'r ceffyl yn ardderchog ymhob ras.*

vi. *Pe cawswn i bunt am bod tro y mae hwn'na wedi dweud celwydd, mi fyddwn i'n gyfoethog iawn.*

7 Nodwch beth yw'r gwahaniaeth rhwng y parau canlynol o frawddegau:

enghraifft:

    (a) Y mae ef wedi colli ei grys.

    (b) Collodd ef ei grys.

Ffurf gwmpasog, Amser Perffaith y ferf 'colli', a geir yn (a), a'r ffurf gryno, Amser Gorffennol yn (b).

1. (a) *Y mae Ifan yn cerdded i'r ffair.*
    (b) *Y mae Ifan am gerdded i'r ffair.*

2. (a) *Yr wyt wedi mynd yn rhy bell.*
    (b) *Aethost yn rhy bell.*

3. (a) *Gwelir ceffyl yn rhedeg yn y cae.*
    (b) *Gwelwyd ceffyl yn rhedeg yn y cae.*

4. (a) *Gweld eliffant a wnaeth imi lewygu.*
    (b) *Cael fy ngweld gan eliffant a wnaeth imi lewygu.*

5. (a) *Darllenaf Y Cymro bob wythnos.*
    (b) *Darllenaf Y Cymro'r wythnos nesaf.*

6. (a) *Yr wyf wedi gwerthu pâr o fenyg paffio.*
    (b) *Yr wyf ar werthu pâr o fenyg paffio.*

7. (a) *Neidiodd oddi ar y trên a glanio ar docyn o wair.*

(b) *Neidiodd oddi ar y trên a glaniodd ar docyn o wair.*

8. (a) *Ciliaswn i'r goedwig ar ôl gweld y gelyn.*

(b) *Ciliaswn i'r goedwig petawn wedi gweld y gelyn.*

9. (a) *Yr oeddet wedi chwysu wrth chwarae tennis.*

(b) *Yr oedd wedi chwysu wrth chwarae tennis.*

10. (a) *Pe prynasech y car byddai popeth yn iawn.*

(b) *Pe prynasech y car ni fyddai popeth yn iawn.*

8 Ym mha rai o'r brawddegau canlynol y mae camgymeriadau? Os nodwch fod camgymeriad, esboniwch beth ydyw, yna cywirwch y frawddeg.

enghraifft:

(a) Nid ystyrir John fod y llyfr yn un da.

(i) Mae camgymeriad yn y frawddeg hon.

(ii) Berf amhersonol yw *ystyrir,* ond fe'i defnyddir hi yma fel berf bersonol, fel petai John yn *ystyried.*

(iii) Ffurf gywir: Nid *ystyria* John fod y llyfr yn un da.

(b) Aeth y car dros y dibyn a bu farw pawb a oedd ynddo.

Y mae hon yn frawddeg gywir.

1. *Ni welsai erioed y fath dyrfa o'r blaen.*

2. *Gwisgodd ei esgidiau newydd pan gafodd ei daro gan gar.*

3. *Safai Ifan ar godiad tir, ac o'i flaen syrthiodd y tir fel erioed yn ffridd ar ôl ffridd i lawr i'r dref islaw.*

4. *Trafodir awdur y nofel am gyfnod ei blentyndod.*

5. *Tybiaswyd ei fod yn ddyn drwg ond nid felly yr oedd.*

6. *Saeson y galwodd y bobl sydd yn byw yn Lloegr.*

7. *Y mae'n sicr y nofiodd Capten Webb ar draws y llyn.*

8. *Hyn a wneir y llyfr hwn yn ddiddorol.*

9. *Y mae ei Gymraeg yn llawn o enghreifftiau o hen ymadroddion sy'n profi iddo gael ei ddylanwadu gan y beirdd traddodiadol.*

10. *Safodd castell hardd ar y mynydd llwm.*

9 Cywirwch y brawddegau canlynol gan roi rheswm dros eu cywiro:

    i. *Gwyddaf fod llawer o drysorau yn yr amgueddfa.*

    ii. *Gwelir hi y ferch ddydd Sadwrn diwethaf.*

    iii. *Darllenodd y disgyblion bob dydd yn yr ysgol gynradd.*

    iv. *Wrth gerdded wrth yr afon ddoe mi gwrddwn â hen ffrind.*

    v. *Fe geir llawer o ddamweiniau yn y gêm ddoe.*

    vi. *Mae nhw wedi bod mewn llawer o gyngherddau.*

    vii. *Aethaist ti ddim yn agos at y lle.*

    viii. *Roedd yna lawer o dristwch pan farwodd yr eneth ifanc.*

10 Darllenwch, ar y cyd, baragraff o unrhyw lyfr, gan stopio ar ôl pob berf ynddo, ac yna nodi person ac amser y berfau hynny.

11 Lluniwch hysbysebion ar gyfer papur newydd, gan ddefnyddio berfau addas, (ac awgrymu'r lluniau sydd i gyd-fynd â'ch geiriau) i geisio perswadio pobl i brynu'r nwyddau hyn:

Coca-Cola;   sebon;   bwyd brecwast (pethau fel creision ŷd);   siampŵ;   car.

Arddodiaid (Adran 24)

1 Rhowch ffurfiau cywir yr arddodiaid canlynol ar gyfer y personau a nodir:

(a) *ar* – *1af, unigol;*
   dros – *ail, lluosog;*
   oddi wrth – *ail, unigol;*
   at – *3ydd, unigol benywaidd;*
   am – *1af lluosog;*
   i – *3ydd, unigol gwrywaidd;*
   rhag – *3ydd, lluosog;*
   gan – *3ydd, lluosog.*

(b) Defnyddiwch y canlynol mewn brawddegau, un ymhob brawddeg, i ddangos yn eglur eu hystyron a'u defnydd:

   oddi wrthynt; ynddi; rhyngddynt;
   arno fe/fo; ohoni hi; atyn nhw; amdanaf fi;
   wrthynt hwy; amdanoch; drosom.

2 Defnyddiwch *â/ag* neu *gyda/gydag* yn gywir yn y brawddegau canlynol:

   i. *Trawodd y dyn _____ chyllell.*
   ii. *Tyrd _____ mi i'r ddawns.*
   iii. *Ewch adref _____ 'ch gilydd er mwyn bod yn ddiogel.*
   iv. *Taflodd lyfr at y lleidr _____ holl nerth ei fraich.*
   v. *_____'r hwyr y mae'r awyr yn wastad yn lliwiau i gyd.*
   vi. *Dywedodd y geiriau _____ gwên ar ei hwyneb.*
   vii. *Dywedodd wrthyf yr âi _____ mi i'r ysbyty.*
   viii. *____ thrafferth y llwyddodd i'w gael ei hun o'r dŵr dwfn.*
   ix. *Nid efô, _____ llaw, ddaru ddwyn eich beic.*
   x. *Nid ti fydd yn mynd _____ fi adref heno, cariad.*

❸ Cywirwch y brawddegau hyn:

    i.   *Rwyf am ysgrifennu llythyr i'r Gweinidog Addysg ynghylch y mater.*

    ii. *Mae hon yn ffilm a ddylai apelio i bobl ifainc.*

    iii. *Daeth at ei hun mewn seler dywyll.*

    iv. *Mae gen fi gath fawr ddu.*

    v. *Dychmygai Eirlys am ei hun yn nyrs.*

    vi. *Nid wyf yn hoff o sôn am fi fy hun.*

    vii. *Achubodd y dyn y bachgen oddi wrth gi ffyrnig.*

    viii. *Cydiodd mewn y jwg oedd ar y bwrdd.*

    ix. *Cofiwch fi i'ch mam.*

    x. *Y mae'r dyn wedi digio gyda nhw am i nhw ei dwyllo.*

❹ Darllenwch ddarn o ryddiaith, a nodwch bob arddodiad sydd ynddo, gan nodi at ba 'berson' y mae arddodiaid rhedadwy'n cyfeirio:

    enghraifft: amdanaf = 1af, unigol

Cysyllteiriau (Adran 25)

❶ Defnyddiwch y canlynol mewn brawddegau i ddangos eu hystyron yn eglur a chywir:

    mai; os; pan; ond; neu; namyn.

❷ Cywirwch y brawddegau canlynol:

    i.   *Pe fuaswn wedi mynd yn gynt fyddwn i ddim wedi colli'r trên.*

    ii. *Pan y daw'r haf, bydd yna obaith am dywydd braf.*

    iii. *Rydw i wedi dweud a dweud mai nid fel hyn y mae gosod y cadeiriau.*

iv. *Daeth draw ataf a gofyn os oeddwn yn mynd i gymryd rhan yn y mabolgampau.*

v. *Pan yr oeddwn yn disgwyl y bws, daeth car heibio, ac fe gynigiodd y gyrrwr fynd â fi i'r dref.*

Y treigladau (Adrannau 26 – 29)

1 Cywirwch y treiglo neu'r diffyg treiglo yn y brawddegau canlynol, yna rhowch esboniadau am y cywiriadau:

enghraifft: Gwelais dyn yn y dref.

y camgymeriad	cywir	treiglad	rheswm
dyn	ddyn	Meddal	Y mae gwrthrych berf (yma *dyn*) yn treiglo'n feddal.

i. *Aeth y dyn o'r lyfrgell heb cael marcio ei llyfrau.*

ii. *Gwelais llong ar y glas lli.*

iii. *Tua canol y gêm sylwais fod y gapten yn dechrau anadlu'n trwm.*

iv. *Rhown y fyd i gyd am cael gweld fy hen gwlad unwaith eto.*

v. *Pythefnos yn ôl mi prynais gwn, ond y mae wedi dorri.*

vi. *Maent yn gwffio fel cŵn a cathod pob amser.*

vii. *Llosgwyd dau dyn o'm ardal i pan rhedasant trwy tân yn y coedwig.*

viii. *Gwelsant mai ei enw hi, ei feistres, oedd ar goler y filgi.*

ix. *Mae lawer i hen coeden yn tyfu yma.*

x. *Fe'u ystyriwn ni nhw ar ôl cael paned o coffi.*

2 Darllenwch, ar y cyd, o lyfr gan stopio i nodi pob treiglad, a nodi pa dreiglad ydyw.

Goddrych a gwrthrych (Adran 30)

1 Yn y brawddegau a ganlyn, tanlinellwch a nodwch bob
Goddrych a phob Gwrthrych, a nodwch y berfau sy'n eu rheoli:

enghraifft:

> Syrthiodd yr afr dros ochr y graig.

> Goddrych = gafr; berf sy'n ei reoli = syrthiodd

i. *Âi'r dyn am dro gyda'i gi ffyddlon bob dydd.*

ii. *Gwelodd y peilot ben mynydd yn ymddangos drwy'r
niwl, a chafodd gryn drafferth i'w osgoi.*

iii. *Ar ôl iddo ddisgyn i'r afon teimlai Ifan yn gynddeiriog.*

iv. *Cododd y pryd o gyri bwys mawr ar y dyn druan.*

v. *Ni allodd y llifogydd rwystro'r eneth benderfynol rhag
mynd i'w gwers salsa.*

Cymalau a brawddegau (Adrannau 31 – 32)

1 Lluniwch **gymal enwol** i ddilyn y prif gymalau canlynol:

i. *Sylweddolodd _____*

ii. *Credai hi _____*

iii. *Gobeithio _____*

iv. *Gweli _____*

v. *Rwy'n meddwl _____*

2 Lluniwch **gymal perthynol** i ddilyn y prif gymalau canlynol
gan ddefnyddio rhagenwau amrywiol:

i. *Hon ydi'r fuwch _____*

ii. *Gwelais yr eryr _____*

iii. *Y ferch hon _____ yw'r orau un am chwarae hoci.*

iv. *Fi ydi'r gŵr _____*

v. *Dyma'r graig _____*

3 Labelwch y cymalau yn y brawddegau canlynol:

i. *Fi ydi'r dyn a welodd yr awyren yn mynd yn erbyn y graig.*

ii. *Gwyddwn nad ef oedd y dyn a welswn yn rhedeg o'r siop.*

iii. *Dywedwyd wrthyf fod y tŷ'n cael ei brynu gan rai o Fanceinion.*

iv. *Yr oedd yn mynd ar y blaen cyn iddo faglu a brifo.*

v. *Am iddo fethu pasio'r arholiad penderfynodd sefydlu ei fusnes ei hun.*

vi. *Ai hon ydi'r wraig y gwelwyd ei char yn yr afon?*

4 Cysylltwch y brawddegau canlynol:

enghraifft:

Hwyliodd y llong o'r harbwr yn gynnar yn y bore. Yr oedd wedi cael ei thrwsio.

Hwyliodd y llong, a oedd wedi cael ei thrwsio, o'r harbwr yn gynnar yn y bore.

i. *Gwn. Mae hi'n braf yn awr.*

ii. *Rhedodd y dyn i ben y bryn. Gwelodd y ci'n ymosod ar y defaid.*

iii. *Gwelais ddyn yn neidio dros y clawdd. Nid dyn gwallt coch ydoedd.*

iv. *Clywais y gog. Aderyn llwydlas ydyw.*

v. *A ydyw'n wir? Y mae'r plant yn symud i'r ysgol newydd.*

5 Lluniwch **chwe** brawddeg, **tair** ohonynt yn cynnwys y rhagenw perthynol *a*, a **thair** yn cynnwys y rhagenw perthynol *y* mewn cymalau perthynol.

6 Lluniwch **bum** brawddeg a phob un yn cynnwys pedwar cymal. Nodwch y Prif Gymal a Chymalau Cydradd â'r rhif 1. Nodwch y cymalau eraill â'r rhifau 2-4 etc., yn ôl y nifer o is-gymalau a fydd gennych.

enghraifft:

      1   **2**   **3**

Hwn *yw'r* dyn │ a *welais* yn mynd i'r siop │ pan *oeddwn*

             1

yn sefyll ar y gornel │ ond nid hwn *yw* ei gi.

Gwelir fod yma Brif Gymal a Chymal Cydradd (rhifau 1), a dau Gymal Isradd (rhifau 3 a 4) yn gwneud cyfanswm o bedwar.

❼ Ysgrifennwch baragraff o ryw ddeg brawddeg ar unrhyw bwnc, gan amrywio hyd eich brawddegau ac amrywio nifer y cymalau sydd ynddynt.

❽ Gwnewch y paragraff a ganlyn yn un mwy amrywiol ei frawddegau. Gallwch uno brawddegau, os dymunwch.

> *Y mae ein tŷ ni wedi'i godi ar graig. Y mae'r graig honno'n edrych dros y môr. Y mae'r môr hwnnw'n las gan amlaf, ond weithiau y mae'n rhychau gwynion. Y mae'n rhychau gwynion pan fydd hi'n chwythu. Y mae golwg ffyrnig arno'r adeg honno, a golwg lonydd arno pan yw'n las.*

❾ Cywirwch y brawddegau canlynol; yna rhowch resymau dros gywiro, gan ddefnyddio termau cywir:

   i. *Dyma'r ferch yr enillodd y ras.*

   ii. *Rydw i'n sicr mae e'n mynd i groesi'r llinell gais yn y gêm heddiw.*

   iii. *Clywais i bod neb yn mynd i'r disgo.*

   iv. *Rwy'n siŵr mae'r nofel hon fydd ar y brig.*

   v. *Sylweddolodd bod o wedi colli tocyn y trên.*

   vi. *Clywais ei fod ef ddim yn gallu canu.*

   vii. *Ni gwelodd hi'r rhaglen.*

   viii. *Rwyf yn sylweddoli bod o ddim yn mynd i ddod.*

   ix. *Dyma gerddoriaeth ni chlywais erioed ei thebyg.*

x. *Gwelodd o ddim byd yn y cyngerdd am ei fod yn eistedd y tu ôl i golofn solat.*

xi. *Credaf ei fod o ddim yn iach iawn.*

xii. *Sylweddolais mai nid y dyn hwnnw oedd wedi ymosod ar yr eneth.*

⑩ Enwch bob gair sydd yn y brawddegau canlynol:

enghraifft:

Dihangodd y lladron drwg yn y bore, ond daliodd y plismyn nhw yn y prynhawn.

dihangodd	– berf
y	– y fannod
lladron	– enw lluosog
drwg	– ansoddair
yn	– arddodiad
y	– y fannod
bore	– enw unigol
ond	– cysylltair
daliodd	– berf
y	– y fannod
plismyn	– enw lluosog
nhw	– rhagenw
yn	– arddodiad
y	– y fannod
prynhawn	– enw unigol

i. *Ef yw'r dyn a saethodd y llwynog coch.*

ii. *Hwn ydi'r un sy'n peri trafferth i bobl ein pentref ni.*

iii. *Nid ni sy'n gyfrifol am gadw'r llyfrau hyn, ond chi.*

iv. *Yr ydych chi'n ddynion a ddylai wybod yn well.*

v. *Siân oedd yr eneth a welsom ni'n rhedeg ar draws y cae.*

⑪ (a) Erbyn hyn rydych yn gwybod llawer o dermau gramadegol; drwy weithio mewn parau, profwch eich gwybodaeth trwy roi enghreifftiau o'r canlynol:

arddodiad;   ansoddair;   enw gwrywaidd;
enw benywaidd;   y fannod;   berf;   rhagenw;
gwrthrych;   cysylltair;   berf amhersonol;   rhagenw
dangosol;   goddrych;   berfenw; cymal enwol;
enw haniaethol.

(b) Meddyliwch chi am ddeg term arall, gan roi enghreifftiau
     ohonynt.

Idiomau, a medrau cyfieithu (Adran 34)

❶ Lluniwch frawddegau i ddangos, yn eglur, beth ydi ystyr yr
idiomau canlynol:

rhoi ei fryd ar; gwlyb domen; clywed 'oglau;
lladd ar rywun; rhoi'r ffidil yn y to; cael y maen i'r wal;
cael traed dan y bwrdd; dal ati; cnoi cil ar rywbeth;
pydru arni; llaesu dwylo; at fy nant; tipyn o dderyn;
teimlo i'r byw; mewn cyfyng gyngor; cyff gwawd;
rhyngu bodd; aderyn brith; dal pen rheswm.

❷ Ysgrifennwch frawddegau Cymraeg gan gyfieithu'r
ymadroddion Saesneg i Gymraeg, a defnyddio un ohonynt
yn gywir ymhob brawddeg:

at the same time;   look after him;   turn it off;
over the top;   standard of Welsh;   as a result;
go to the dentist;   things went downhill;
the policemen have turned up;   let's give it our best shot.

❸ Cywirwch yr ymadroddion canlynol:

i.   *Y mae ganddo ddiddordeb yn naearyddiaeth.*

ii.   *Y mae i gyd o'r bobol wedi mynd gartref.*

iii. *Y mae'n wir i ddweud mae nhw ydi'r gorau o bell ffordd.*

iv.   *Hon ydi'r wers olaf o'r dydd, diolch byth.*

v. *Rydym wedi rhedeg allan o fara, a bydd yn rhaid mynd i 'nôl torth.*

vi. *Rydw i allan o wynt ar ôl ceisio dal y bws yna.*

vii. *Doedd hi byth wedi gweld y fath beth o'r blaen.*

viii. *Wrthyf fi, hwyl fawr ichi i gyd.*

ix. *Mae o wedi pasio allan.*

x. *Roedd hi'n newydd i'r lle ac yn teimlo ar ben ei hun.*

Atalnodi (Adran 35)

1 Ysgrifennwch y darn isod gan ei atalnodi.

pe cawn i ddewis unrhyw iaith yn famiaith ar wahan i'r gymraeg yr almaeneg fyddai honno dyma gefnfor o iaith nid yn ei maint ond yn ei swn mae hin llifo ac yn llenwi fel mor y llafariaid ar deuseiniaid goludog yn cyrlio am y tafod fel jam mefus cartre da ar cytseinaid yn ffrwydron ddymunol nes gwneud i ddyn deimlon werth miliwn pe cawn i ddewis un profiad am awr cael pregethu mewn almaeneg yn eglwys niemöller yn berlin fyddai hwnnw

(Daw'r darn hwn o lyfr Islwyn Ffowc Elis, *Naddion* (Gee, 1998). Gellir dewis detholion o lyfrau a thynnu'r atalnodi ohonynt er mwyn creu ymarferion eraill.)

Orgraff (Adran 36)

1 (a) Nodwch a yw'r geiriau canlynol wedi eu sillafu'n gywir ai peidio. Lle bo angen, cywirwch nhw; yna nodwch pam eu bod yn anghywir.

enghraifft:

ffurf anghywir	ffurf gywir	esboniad
Annibynnwyr	Annibynwyr	Eithriad yw cael tair cytsain efo'i gilydd fel y ceir NNW yn Annibynnwyr.

annhrefnus, torriad, bannau, annrheg, swn, dynnion,
cyraedd, enillion, ennill, carregog.

(b) Nodwch a yw'r geiriau a ganlyn wedi eu sillafu'n gywir ai
peidio; lle bo angen, cywirwch nhw.

enghraifft:

gwall	ffurf gywir
cruf	cryf

segyr, sefull, glyn, gwun, sun, dipin, pyr, terfun, cymun,
ysbardyn, dun, papyr.

2 Nodwch a yw'r acen grom wedi ei rhoi'n gywir ai peidio yn y
geiriau hyn; cywirwch lle bo angen; yna nodwch pam eich bod
yn cywiro:

enghraifft:

gwall	ffurf gywir	esboniad
tê	te	Nid oes angen acen grom ar lafariad hir mewn gair unsill os nad oes pâr o eiriau'n cael eu sillafu'r un fath.

tô, tan poeth, hên, amlhant, par, llê, haf, côr, hir, ple,
coffad, ty, swˆn, gwyl a gwaith, côf, bûm, hâd, nôs.

Llyfrau ar wahanol bynciau

Priod-ddulliau, dywediadau, a geiriau

Alwyn Rhys Cownie, *Geiriadur Idiomau*
  (Gwasg Prifysgol Cymru, 2001)

C.P. Cule, *Cymraeg Idiomatig*
  (D. Brown a'i Feibion, Y Bontfaen, 1971, 1972)

Myrddin Fardd, *Gwerin-eiriau Sir Gaernarfon*
  (arg. Llygad yr Haul, 1979)

Bruce Griffiths, Gol., *Gwerin-eiriau Maldwyn*
  (Llygad yr Haul, 1981)

Bedwyr Lewis Jones, *Blas ar Iaith Llŷn ac Eifionydd*
  (Gwasg Carreg Gwalch, 1987)

Bedwyr Lewis Jones, *Iaith Sir Fôn*
  (Llygad yr Haul, 1984)

Huw Jones, *Gair yn ei Bryd*
  (Gwasg Pantycelyn, 1994)

R. E. Jones, *Llyfr o Idiomau Cymraeg*
  (Gwasg John Penry, Abertawe, 1975)

R. E. Jones, *Ail Lyfr o Idiomau Cymraeg*
  (Gwasg John Penry, Abertawe, 1987)

Lynn Davies, *Geirfa'r Glöwr*
  (Amgueddfa Genedlaethol Cymru, 1976)

Ceri Jones, *Dweud eich Dweud*
  (Gomer, 2001)

Owen John Jones, *Dywediadau Cefn Gwlad*
  (Gee, 1977)

Cennard Davies, *Torri'r Garw*
(Gomer, 1996)

Cennard Davies, *Lluniau Llafar*
(Gomer, 1980)

W. Meredith Morris, *A Glossary of the Demetian Dialect*
(Hen lyfr a gyhoeddwyd gyntaf yn 1910 sydd wedi ei
adargraffu gan Llannerch.)

Mair Treharne, Cennard Davies, *Darluniau Byw*
(Gomer, 1990)

Mary Wiliam, *Dawn Ymadrodd*
(Gomer, 1978)

Siân Williams, *Ebra Nhw*
(Gwasg Gwynedd, 1981)

Tafodieithoedd

Beth Thomas, Peter Wynn Thomas, *Cymraeg, Cymrâg, Cymrêg ...*
(Gwasg Taf, Caerdydd, 1989)

Goronwy Wynne, *Iaith Sir Fflint* (Gwasanaeth Llyfrgell a
Gwybodaeth Cyngor Sir Fflint, 2005)

Geiriaduron a thermau

Geiriadur Prifysgol Cymru

Geiriadur yr Academi
(Bruce Griffiths a Dafydd Glyn Jones: Gwasg Prifysgol Cymru)
www.techiaith.bangor.ac.uk/GeiriadurAcademi/

Y Geiriadur Mawr
(Christopher Davies)

Y Termiadur Ysgol
(Awdurdod Cymwysterau, Cwricwlwm ac Asesu Cymru, 2006)
www.termiaduraddysg.org

Trafod gramadeg, iaith, ac ysgrifennu

Geraint Bowen, *Ysgrifennu Creadigol*
(Gwasg Gomer, 1972)

J.J. Evans, *Gramadeg Cymraeg*
(Gwasg Gomer, 1946)

Heini Gruffudd, *Cymraeg Da*
(Y Lolfa, 2000)

J. Elwyn Hughes, *Canllawiau Iaith a Chymorth Sillafu*
(Gwasg Gomer, 2004)

Rhiannon Ifans, *Y Golygiadur*
(Cyngor Llyfrau Ceredigion, 2006)

Morgan D. Jones, *Termau Iaith a Llên*
(Gwasg Gomer, 1972)

Morgan D. Jones, *Y Cywiriadur Cymraeg*
(Gwasg Gomer, 1965)

R. M. Jones, *Ysgrifennu Creadigol i Fyfyrwyr Prifysgol*
(Adargraffiad o *Trivium 9,* Gwasg Prifysgol Cymru, 1974)

D. Geraint Lewis, *Pa Arddodiad?*
(Gwasg Gomer, 2000)

D. Geraint Lewis, *Y Geiriau Lletchwith*
(*Gwasg Gomer, 1997)

D. Geraint Lewis, *Y Llyfr Ansoddeiriau*
(Gwasg Gomer, 2005)

D. Geraint Lewis, *Y Llyfr Berfau*
(Gwasg Gomer, 1995)

D. Geraint Lewis, *Y Treigladur*
(Gwasg Gomer, 1996)

T.J. Morgan, *Y Treigladau a'u Cystrawen*
(Gwasg Prifysgol Cymru, 1952)

John Morris-Jones, *A Welsh Grammar*
(Clarendon Press, Oxford, 1913)

John Morris-Jones, *Cerdd Dafod*
(Gwasg Prifysgol Rhydychen, dim dyddiad)

Orgraff yr Iaith Gymraeg
(Gwasg Prifysgol Cymru, arg. 1978)

Enid Roberts, 'Sut i beidio ag ysgrifennu Saesneg yn Gymraeg',
Mabon Rhifau Saith, Wyth, Naw

Peter Wynn Thomas, *Gramadeg y Gymraeg*
(Gwasg Prifysgol Cymru, 1996)

T. Arwyn Watkins, *Ieithyddiaeth*
(Gwasg Prifysgol Cymru, 1961)

Stephen J. Williams, *Elfennau Gramadeg Cymraeg*
(Gwasg Prifysgol Cymru, 1959)

Adnoddau eraill

Y mae adnoddau electronig a chyfrifiadurol ar gael yn cynnwys:
www.techiaith.bangor.ac.uk/GeiriadurAcademi/
www.termiaduraddysg.org

Rhaglenni *Cysill*, *Cysgair*

Cysyllter â Chanolfan Bedwyr, Prifysgol Bangor am fwy o wybodaeth.

Cysyllter, hefyd, ag Ardulliadur Gwasanaeth Cyfieithu Llywodraeth Cynulliad Cymru (Ar lein: http://wales.gov.uk/cisd/publications/translation/styleguidewelsh/styleguidew.pdf?lang=cy

Mynegai

acen, acenion, aceniad 21–4,
169–71, 174, 175–6, 177, 178
  acen ddisgynedig 171
  acen ddyrchafedig 21, 171
  acen grom (to bach) 21, 22, 168,
  178–82, 216
  didolnod 172
  goben 21, 171, 182
  ymarferion 191
  gw. hefyd orgraff
adferf, adferfau, adferfol 15, 111–12,
134, 135, 140, 155–7
ansoddair, ansoddeiriau, ansoddeiriol
15, 36–43, 119, 177
  cymal ansoddeiriol 151–2, 156–7
  cymharu 40–3
  dangosol 63–5
  ffurfiau benywaidd 40
  ffurfiau lluosog 39–40
  ffurfio enwau haniaethol 31–2
  safle 38–9
  treigladau 125, 132, 134–5
  ymarferion 195–8, 213
arddodiad, arddodiaid 9, 15, 113–21
  a berfau 74, 75, 97–8
  a berfenwau 115–17, 118–19
  anrhedadwy 48, 114
  cyfansawdd 118
  gwahanu ystyron 187
  rhedadwy 47, 59, 60, 113–14,
  117, 120
  treigladau 129, 132, 138, 139
  ymarferion 207–8, 213
  'yn' a 'mewn' 119

atalnodi 164–72
  atalnod (coma) 164
  atalnod llawn 165
  bachau petryal 167
  colon 165
  collnod 166
  cromfachau 167
  cyfres o ddotiau 166–7
  cysylltnod 169, 170
  dyfyn-nodau dwbl 166
  dyfyn-nodau sengl 165–6
  ebychnod 168
  hanner colon 164–5
  llythrennau italig 169
  marc cwestiwn 168
  pâr o llnellau 167
  un llinell 168
  ymarferion 215
  gw. hefyd acen, acenion, aceniad

bannod (y fannod) 16, 17, 25–6, 39,
70, 116, 119, 134
  gwahanu ystyron 187
  treigladau 35, 129, 130, 131, 140
  ymarferion 191–2, 196, 213
banodolion 134
Beirdd yr Uchelwyr
  ac *w* gytsain 18–19
  sangiad 133
benywaidd, geiriau *gw.* enw, enwau:
  cenedl
berf, berfau 15, 72–5
  ac arddodiaid 97–8, 118–19
  afreolaidd 99–103 (bod), 103–5

(cael), 105–7 (dod), 107–8
(gwneud), 109–10 (mynd)
amhersonol 11, 46, 72, 73, 94,
137, 143, 205
amser amherffaith 81–4
amser gorberffaith 84–6
amser gorffennol 79–80
amser gorffennol perffaith 80–1
amser perffaith-ddyfodol 86
amser presennol a dyfodol 76–9
cryno 73, 74–5, 78, 92–3, 133,
202, 204–5
cwmpasog (periffrastig) 73, 74, 75,
77–8, 80, 83, 85, 92–3, 100, 204–5
diffygiol 70–1
modd dibynnol 88–90, 91–3
modd gorchmynnol 90
modd mynegol 87–8
stad oddefol 94–6
stad weithredol 94
terfyniadau rheolaidd 76–86
treiglad meddal 136–7
ymarferion 202–6
berfenw, berfenwau 15, 69–71, 72,
73, 97–8
ac arddodiaid 115–17, 118–19
gwrthrych berf bersonol 96
treiglo 11
blaenddodiad 177
brawddeg, brawddegau 57–8, 120,
122, 123, 144–8
annormal 145–6
enwol amhur 147
enwol bur 146–7
gymhleth 147
gymysg 146
normal 145
seml 147
ymarferion 210–14
gw. hefyd atalnodi; cymal, cymalau;
cystrawen

cyfieithu 92, 158–9, 162
ymarferion 214
cymal, cymalau 147, 149–157

adferfol 112, 155–6, 157
ansoddeiriol (neu berthynol) 58, 59,
60, 61, 151–2, 157
cydradd 149–50
enwol 153–4
isradd (is-gymalau) 123, 150
perthynol (neu ansoddeiriol) 58, 59,
60, 61, 151–2, 157
prif 123, 149
ymarferion 210–14
cystrawen 158–9
cysylltair, cysyllteiriau 14, 15, 122–5,
149, 155, 156
treiglo 134, 135, 136, 139
ymarferion 200, 208–9
cytsain, cytseiniaid 16–19, 25, 59,
61, 121, 123–4, 174–5
i gytsain 17, 175
rheolau treiglo *ll* ac *rh* 140
sy'n treiglo 127
w gytsain 18–19, 25, 175
gw. hefyd orgraff

diriaeth: diriaethol 29, 30, 31

enw, enwau 15, 27–35, 39, 42, 43,
44, 63, 70, 153
cenedl 12, 32–4, 128, 129
cyfansawdd clwm 34, 36, 37
cyflwr genidol 37, 119
cyffredin 27
diriaethol 29
gwahanu ystyron 187–90
haniaethol 30–2, 193
priod 15, 27–8
rhif (unigol a lluosog) 12–13, 34–5,
39–40, 128, 129, 130
torfol 28
treiglad llaes 139
treiglad meddal 37, 131–4
treiglad trwynol 138
unigol 13, 14, 34–5
ymarferion 192–5

geiryn gofynnol 14, 87, 136

geiryn rhagferfol 46, 136, 145
goddrych 75, 94, 142, 146–7, 158
treiglo 133
unigol a lluosog 58–9
ymarferion 210
gramadeg, gramadegol 7, 12–15,
    126, 213–14
gwahanu ystyron 187–90
gwrthrych 14, 142–3, 153
    treiglo 133
    ymarferion 210
gwrywaidd, geiriau *gw.* enw, enwau:
    cenedl

haniaeth: haniaethol 30, 31, 67, 68

iaith lafar ac iaith ysgrifenedig 6, 7, 8–11
    ffurfiau ffurfiol ac anffurfiol 45, 46–7, 52,
    62, 68, 71, 79, 99, 120, 121, 138, 140
idiomau
    gw. priod-ddulliau

llafariad, llafariaid 16, 17, 25, 59, 61,
    121, 123
    llafariaid hir a byr 168, 171, 172,
    176, 178–82
    llatariaid ymwthiol   186
    rhagddodi *h* 141, 185
lluosog *gw.* unigol a lluosog
llyfryddiaeth 217–20
llythyren, llythrennau 16–19
    gw. hefyd cytsain, cytseiniaid;
    llafariad, llafariaid; orgraff

orgraff 173–86
    dyblu *r* a dyblu *n* 174–8
    g ymwthiol 185
    h: anadliad caled 184
    h: rhagddodi 141, 185
    u ac *y* 182–3
    ymarferion 215–16
    gw. hefyd acen, acenion, aceniad

priod-ddulliau 160–3
    ymarferion 214–15

rhagenw, rhagenwau 44–62
    annibynnol 47–8
    annibynnol, dwbl 46–7
    annibynnol, syml 46
    cysylltiol 54–6
    dangosol 63, 66–8
    dibynnol 48
    dibynnol, blaen 49–50
    dibynnol, mewnol 51–3
    dibynnol, ôl 53–4
    dwbl, annibynnol 46–7
    lluosog 45, 46, 49, 51, 53, 54, 58–9
    perthynol 14, 57–60
    perthynol, negyddol 61–2
    syml, annibynnol 46
    ymarferion 198–202
    rhagflaenydd 57, 58, 59, 60, 62, 96

sillaf, sillafau (yn cynnwys unsill, lluosill)
    18, 19, 20, 21, 46, 47, 179, 180, 182
sillafu 173–86

tarddiad
    dyblu *n* ac *r* 176–8
treiglad, treigladau 126–30
    llaes 127, 139–40
    meddal 127, 131–7
    trwynol 127, 138
    ymarferion 209

unigol a lluosog
    ansoddeiriau 39–40
    ansoddeiriau dangosol 64
    arddodiaid 113–14, 120
    berfau 58–9, 62, 77, 79, 80–1,
    82–3, 84–6, 91, 99–110
    enwau 12–13, 34–5, 39–40, 128,
    129, 130
    rhagenwau 45, 46, 49, 51, 53, 54,
    58–9
    rhagenwau dangosol 66–7

ynganiad 18, 19, 126, 170–1, 172,
    173, 178, 183
ymarferion 191–216